培训教材类

全国扶贫教育培训教材（第三批）

全国扶贫宣传教育中心　组织编写

生态扶贫的理论与实践

张琦 等◎著

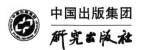

中国出版集团

研究出版社

图书在版编目 (CIP) 数据

生态扶贫的理论与实践 / 张琦等著. –– 北京：研
究出版社, 2021.5
ISBN 978–7–5199–0942–0

Ⅰ.①生… Ⅱ.①张… Ⅲ.①生态型－扶贫－研究－
中国 Ⅳ.①F126

中国版本图书馆CIP数据核字(2020)第220061号

生态扶贫的理论与实践

SHENGTAI FUPIN DE LILUN YU SHIJIAN

全国扶贫宣传教育中心 组织编写

张 琦 等◎著

责任编辑：寇颖丹

研究出版社 出版发行
（100011 北京市朝阳区安华里504号A座）

北京建宏印刷有限公司 新华书店经销

2021年5月第1版 2021年5月北京第一次印刷
开本：710毫米×1000毫米 1/16 印张：11.75
字数：144千字

ISBN 978–7–5199–0942–0 定价：42.00元

邮购地址100011 北京市朝阳区安华里504号A座
电话（010）64217619 64217612（发行中心）

目 录
CONTENTS

第一章

绪　论

改革开放以来，我国在经济增长方面取得了举世瞩目的成就，GDP的年均增长率超过9%，居民收入也得到大幅提升。但是过度追求经济增长，忽视经济增长的可持续性和成果的共享性，导致在一段时期内一些地区出现了环境恶化、污染严重的问题；同时由于收入差距和城乡差距的扩大，仍有很大一部分农村人口长期处于贫困状态。消除贫困最有效的手段是发展经济，但经济发展又不能不顾及环境保护，因此，生态扶贫成为现阶段的必然选择。生态扶贫是生态文明建设中扶贫方式的创新，是一种符合生态文明发展、实现生态增长与发展新方式的扶贫新理念，是把生态文明与反贫困有机结合起来的扶贫新战略，体现了我们党对我国经济社会发展阶段性特征的科学把握。

党的十八大以来，习近平总书记着眼于满足人民日益增长的优美生态环境需要，全面把握人与自然的关系，就生态文明建设提出了一系列新思想、新理念，做出一系列新的战略部署，形成和确立了逻辑严密、思想深刻的习近平生态文明思想，开辟了马克思主义人与自然关系理论的新境界，为美丽中国建设提供了有力的思想武器，为加快生态扶贫发展、助力打赢脱贫攻坚战提供了行动指南。在习近平生态文明思想的指引下，人民群众对优美生态环境的需要在新时代社会主要矛盾中得以充分体现，社会主义生态文明建设成为中国特色社会主义道路、理论体系、制度和文化的重要组成部分。在贫困地区，生态扶贫从理念到实践都得到深入发展，成为打赢脱贫攻坚战的重要组成部分。良好生态环境正在成为人民生活质量新的增长点，成为经济社会持续健康发展新的支撑点，成为展示我国良好形象新的发力点。

第一节 生态扶贫的概念及内涵

生态扶贫理念作为新时代极具中国特色的扶贫发展理念，具有丰富的科学内涵和外延。因其兼具"生态"和"扶贫"两个概念，可以有两种理解：一是通过生态的途径和手段实现扶贫，生态是工具，扶贫是目的；二是在扶贫中实现人与自然的可持续发展，扶贫是过程，生态是目的。无论是哪一种解释，都时刻警示着我们生态与扶贫二者之间有着相互依存、和谐共生的关系。因此，在扶贫过程中要以生态发展为诉求，在生态发展中要实现贫困地区、贫困人口的脱贫与发展。

一、生态扶贫的内涵

生态扶贫是指在贫困地区发展和精准扶贫脱贫中，坚持以习近平总书记关于扶贫工作的重要论述和习近平生态文明思想为指引，以扶贫对象稳定脱贫、实现可持续发展为目标，把生态发展理念、要求、方式贯穿精准扶贫脱贫全过程，以实现脱贫致富和生态文明建设双赢。

生态扶贫的基本概念可以概括为通过可持续的、以环境保护和资源科学利用为导向的促进贫困地区脱贫的理念和行动。从概念中可以衍生出生态扶贫的两层含义：第一，生态扶贫是以环境保护为重要考虑因素的扶贫理念，在实施过程中需要充分考虑贫困地区的生态环境承载力和受污染情况，兼顾贫困人口脱贫与生态环境协同发展；第二，在生态扶贫行动实施中，尽可能通过一种可持续、可循环的方式达到贫困人口脱贫目标，在行动中更侧重实现方式的科学化和效益的长期化。

从生态扶贫的基本概念出发，其核心内涵主要有两个方面：第一，生态扶贫以生态环境承载能力为考量前提，把贫困地区自然生态的长期发展作为一项主要内容；第二，生态扶贫在实施过程中，以挖掘贫困地区自身资源潜力为主导，有效转化贫困地区自身资源价值，形成以生态、农业等为依托的生态产业发展模式，最终转化为经济价值，带动贫困地区彻底脱贫。

二、生态扶贫的外延

基于生态扶贫的内涵以及现有实践，以环境和贫困人口的生计为尺度，我们认为生态扶贫的外延应该包括以下几方面内容：第一，生态产业发展，是以提升贫困人口可持续的生计水平和能力为导向，在环境可承载范围内发展的各类产业。第二，生态保护与补偿，是以环境保护为导向，兼顾贫困人口生计和可持续发展的相关扶贫政策和手段，重点是生态补偿以及贫困人口参与生态工程获得的相关报酬。第三，生态资源开发，即对贫困地区生态资源进行科学开发利用，以资产收益模式进行利润分配的扶贫模式。第四，生态扶贫搬迁，即因为环境和生态保护开展的搬迁工程，另选他址开展后续的扶持工作。

第二节　生态扶贫的必要性和意义

生态扶贫应当成为反贫困战略的首要选择，总体来看，是由于生态扶贫代表了未来发展转型的方向，也是提升扶贫质量、深化国际交流与合作的有效方式。

一、生态扶贫是我国贫困地区发展转型的战略方向

中国特色社会主义进入新时代，我国社会主要矛盾已经转化为人民日益增长的美好生活需要和不平衡不充分发展之间的矛盾。对良好生态的需求是美好生活需要的重要组成部分，正如习近平总书记提出的，良好生态环境是最公平的公共产品，是最普惠的民生福祉。既要创造更多物质财富和精神财富以满足人民日益增长的美好生活需要，也要提供更多优质生态产品以满足人民日益增长的优美生态环境需要。因此，全面贯彻生态发展理念，关注生态环境，提升贫困群体对良好生态环境的满足感，必然成为贫困地区破解社会主要矛盾的重要内容之一。为此，我国的扶贫战略必须把坚持生态发展作为重要的指导思想，把生态发展理念贯穿到扶贫的全过程，牢牢守住生态底线，把生态保护放在优先位置，无论是基础设施建设，还是产业发展，都不能再以牺牲生态为代价。结合"两个阶段两个十五年"的战略安排，从2020年到2035年，依托乡村振兴，充分发挥贫困地区天然的自然禀赋

优势，并转换为贫困地区发展的现实动力源泉，生态发展理念全面推行。从 2035 年到 2050 年，城乡统筹、优势互补，构建区域性发展共同体，实现贫困地区与全国的共同发展。

二、生态扶贫是提升扶贫质量的内在要求

当前我国经济已由高速增长阶段转向高质量发展阶段，扶贫脱贫也同样转入质量提升的新阶段。习近平总书记在中央农村工作会议上强调，要"把提高脱贫质量放在首位"；汪洋同志也指出，要"从注重扶贫进度向更加注重脱贫质量转变"。在提升扶贫脱贫质量的关键时期，必须全面树立可持续发展的理念，破解脱贫难题、增强脱贫动力、提升脱贫实效。在解决了绝对贫困问题之后，贫困地区的发展不再是仅仅解决"两不愁三保障"问题，而是要综合考虑发展的持续性以及质量和效益兼顾问题。为此，扶贫战略必须以提升和保证扶贫质量为第一要务，不能走"先污染后治理"的粗放式发展方式，不能将落后产能盲目地转移到贫困地区，而要尊重贫困地区发展规律，保护其独特资源与环境，坚持"绿水青山就是金山银山"的发展理念，挖掘贫困地区资源与环境优势，增强贫困地区脱贫的持续动力，提升扶贫脱贫的质量，使包括贫困人口在内的全体人民在共享绿水青山的同时实现共同富裕。

三、生态扶贫是全球可持续发展的必然选择

《2030 年可持续发展议程》强调消除贫困、保护地球、确保所有人共享繁荣，从生态和经济双重角度对人类发展及生活环境提出了要求。如何在消除贫困的同时，实现人、自然与社会的协调发展，成为

全球可持续发展面临的主要问题，生态扶贫作为兼顾二者的重要理念，成为全球可持续发展的必然选择。贫困之所以是一个长期的、全球性的难题，除了收入差距的根本性问题之外，一个制约性的瓶颈性难题就是如何与可持续发展协调共进。从时间维度来看，有的人在最开始时没有考虑可持续因素，过度重视眼前成效，导致扶贫本身产生消极的负面效果。从内容来看，在扶贫过程中有的忽略各个扶贫因素的平衡发展和可持续性，缺乏对扶贫工作科学系统的认识，忽视扶贫与可持续发展的内在联系，从而造成"拆东墙补西墙"的不平衡扶贫现象。因此，我国扶贫要实现与全球可持续发展的衔接，就需要树立生态扶贫理念，把经济可持续、平衡、包容增长作为支撑，在经济、社会、环境三大领域形成良性循环，走出一条经济繁荣、社会进步、环境优美的可持续发展之路。

四、生态扶贫是深化国际扶贫合作与交流的有效方式

近几年来，我国在扶贫领域取得的巨大成就被国际社会广泛关注。世界银行行长金墉在世界银行和国际货币基金组织（IMF）2017年秋季年会上表示，中国解决了8亿人口的贫困问题，这是人类历史上最伟大的故事之一，中国的扶贫经验值得中等收入国家借鉴。今后我国的扶贫战略不再是简单地解决贫困人口和贫困地区最基本的发展需求，而是通过一种可持续的发展方式促进缩小地区差距和群体差距，甚至实现"弯道超车"。这就要求我国的扶贫战略是一种更加高层次、更加可持续、能够更加凸显中国发展水平和质量的选择，既解决国内的贫困问题，又有很强的示范带动作用，推动全球扶贫事业发展。就目前的实践来看，我国扶贫四个转型的契合点就在于生态扶贫。生态扶贫

成为深化国际扶贫合作与交流的有效方式。在与"一带一路"沿线国家、金砖国家以及其他发展中国家、欠发达地区进行国际合作和交流时，生态扶贫理念能很好地彰显中国负责任大国的形象。

第三节　生态扶贫研究的意义和作用

随着我国绝对贫困问题的解决，贫困地区将进入新的发展阶段、迎来新的现实挑战，扶贫脱贫的重点也将相应地发生变化。步入中国特色社会主义新时代，我国社会主要矛盾已经转化为人民日益增长的美好生活需要和不平衡不充分的发展之间的矛盾。生态扶贫作为全面贯彻绿色发展理念、提升贫困群体对美好生活满足感的主要途径，已然成为贫困地区破解社会主要矛盾的重要选择。在中国传统扶贫方式的基础上，结合目前中国乃至全球生态发展趋势，以可持续发展为目标，对中国扶贫进行升级和创新，并结合中国目前生态扶贫路径和成效进行定量分析，具有较强的理论和实践意义。

一、生态扶贫研究是中国扶贫与可持续发展相结合的新探索

扶贫是中国采取的缩小贫富差距的必然战略，而可持续发展同样是中国发展长期遵循的必然方向。如何实现扶贫与可持续发展的相互融合是中国未来需要改革的突破点。首先，从宏观战略角度出发，以生态发展作为协调可持续发展与扶贫的关键点，提出生态扶贫理论与模式，是实现可持续发展和消除贫困双重目标的最可靠路径。

首先，以扶贫理论和国内外扶贫与可持续发展相关文献为基础，

以目前中国贫困特征为基点，找出扶贫与可持续发展的共同特征，结合全球可持续发展目标和中国脱贫攻坚目标，提出生态扶贫理念，对扶贫的概念进行重新认识、重新定义，对扶贫的理论基础进行拓宽，突破仅限于经济学角度的理论支撑，使扶贫由经济问题上升为关乎国计民生的社会问题，将可持续发展理念有效融入扶贫之中，探索出中国扶贫与可持续发展相结合的新思路。

其次，虽然有不少与扶贫或反贫困相关的研究和分析，但是大多数研究仅针对某一具体维度（以经济维度居多）或地区，需要以中国集中连片特困地区的贫困县为研究对象，并以生态、经济、文化等多重维度为研究内容，构建中国生态扶贫的内部机制。从结构上分析贫困人口的主体性、政府的主导性和社会的参与性。从内容上分析生态扶贫中生态资源、文化资源等与经济价值的内部转换循环，具体分析生态扶贫在结构和内容上的可行性，进一步分析生态扶贫的可持续性。

二、生态扶贫研究从生态视角重新构建中国贫困标准

贫困并不是一个固定的概念，其内涵会随着社会、经济、文化等发展而变化。根据中国改革开放以来的贫困特征演变和发展趋势，中国扶贫重点已从收入贫困逐渐转变为多种需求的贫困，每个发展阶段的贫困都具有其特有的内容和属性，有些研究已从动态的角度对扶贫重新思考、界定和定位，进而重新衡量中国扶贫的动态标准，形成生态扶贫新标准。

第一，从区域角度来看，根据不同区域的自然属性，制定不同的扶贫标准，比如自然环境条件较差的贫困地区，贫困标准就比自然环

境较好的贫困地区低一些。

第二，从同一地区本身来看，在不同时期的发展背景下具有不同的标准和要求，随着经济水平的发展，居民生活水平得到改善，因此确定贫困的标准也在逐渐提高。

总之，不同地区呈现出不同的发展情况，各地区在不同时期的扶贫标准呈动态态势。以此为出发点，沿着横向与纵向不同路线对生态扶贫标准进行具体构建，与中国目前现有的经济、政治、文化、生态等维度统一起来，形成具有动态发展意义的贫困标准。

三、生态扶贫研究为政府建立脱贫绩效评价体系提供制度选择

从国际反贫困战略来看，目前国际上主要采取多维贫困衡量标准，主要包括教育、健康和卫生三大维度。但从长远发展来看，生态发展是人类可持续发展必不可少的依存因素，也是人类扶贫战略的关键趋向，而多维贫困在生态发展因素上考虑较少，对未来全球扶贫成效的评估存在一定欠缺。

从中国扶贫进程来看，目前中国对于贫困的政策逐步从收入方面向多维度标准转变，但是多维度评价的标准目前还不够完善和准确，对于贫困人口多维度扶贫的成效也难以把握。因此，迫切需要以可持续发展为主线从不同角度出发提出生态扶贫概念及内容，并对其指标体系进行构建和分析，从而对国际和国内目前存在的生态发展因素欠缺以及贫困标准模糊两大问题进行分析和论证，为开展新时期的扶贫工作和研究提出有针对性的参考依据和建议。

首先，生态扶贫成效的直接影响是为政府提供更为敏锐的扶贫视

角，以整体的扶贫成效为基准，对每个维度都有宏观性把控，从而可以根据每年的整体扶贫成效以及每个维度的重要性，合理分配扶贫资金，使得扶贫资金利用率提高、扶贫效应提升、扶贫可持续性增强。

其次，从区域投入方面看，更精准化。通过对不同区域的生态扶贫成效进行研究后，分析出区域间的生态扶贫差异以及不同区域在不同维度的扶贫对比，从而对于不同地区进行人力物力的精准化扶贫，使真正贫困的人口能得到帮扶，做到精准扶贫。

最后，从可持续发展潜力看，更平衡化。生态扶贫成效的评价研究可以从不同维度的发展水平及相互之间关系发现目前中国生态扶贫所存在的不平衡。比如某个维度在近几年扶贫成效较大，而另一维度扶贫成效平平，甚至出现负效应，那说明若继续按照这种态势发展，未来此维度的贫困程度将会越来越深，在影响生态扶贫整体效应的同时，也会导致各维度的可持续发展能力下降，影响生态扶贫的可持续效应。至于解决办法，可以针对此维度进行精准扶贫，消除可持续发展隐患。

第二章

生态扶贫的
基本理论

新时代中国生态扶贫理念体现了新发展理念的本质内涵，表明人与自然和谐共生是人与自然关系发展的最高境界，丰富和发展了中国特色社会主义理论，为人类的生存和发展贡献了中国智慧，也为推动生态扶贫理论实践发展提供了根本遵循和行动指南。

第一节　生态文明思想与绿色发展理念

一、生态文明思想

2018 年全国生态环境保护大会是党的十八大以来我国召开的规格最高、规模最大、意义最深远的一次生态文明建设会议，会议确立了习近平生态文明思想。习近平生态文明思想是习近平新时代中国特色社会主义思想的重要组成部分，是对党的十八大以来习近平总书记围绕生态文明建设提出的一系列新理念、新思想、新战略的高度概括和科学总结，是新时代生态文明建设的根本遵循和行动指南，也是马克思主义关于人与自然关系理论的最新成果。

生态文明是人类社会继原始文明、农业文明和工业文明之后，在人与自然关系由恐惧崇拜到利用征服再到破坏性利用，转而走向和谐共生的崭新文明形态。习近平总书记基于对人类社会发展规律、人与自然关系的科学认识，对社会主义建设经验的总结，强调我们决不能重走人类历史上"先污染后治理"的老路，要"像保护眼睛一样保护生态环境，像对待生命一样对待生态环境"。习近平生态文明思想具有丰富的内涵，包括了六个方面的重要思想：一是人与自然和谐共生的思想。就是要坚持节约优先、保护优先、自然恢复为主的方针，像保护眼睛一样保护生态环境，像对待生命一样对待生态环境，让自然生态美景永驻人间，还自然以宁静、和谐、美丽。二是绿水青山就是金山银山的理念。就是要贯彻创新、协调、绿色、开放、共享的发展理念，加快形成节约资源和保护环境的空间格局、产业结构、生产方式、生活方式，给自然生态留下休养生息的时间和空间。三是良好生态环境是最普惠的民生福祉的思想。就是要坚持生态惠民、生态利民、生态为民，重点解决损害群众健康的突出环境问题，不断满足人民日益增长的优美生态环境需要。四是山水林田湖草是生命共同体的思想。就是要统筹兼顾、整体施策、多措并举，全方位、全地域、全过程开展生态文明建设。五是用最严格制度、最严密法治保护生态环境的思想。就是要加快制度创新，强化制度执行，让制度成为刚性的约束和不可触碰的高压线。六是共谋全球生态文明建设的思想。就是要深度参与全球环境治理，形成世界环境保护和可持续发展的解决方案，引导应对气候变化国际合作。习近平生态文明思想是马克思主义同中国实践相结合的产物，是建设中国特色社会主义的行动指南，开拓了中国特色社会主义新境界，弘扬了人类优秀的文明成果。习近平生态文明思想继承了中国传统文化中的精华、马克思主义理论中的生态思想和当代西方先进生态理论中的优秀成果，是全人类优秀文化积淀融合的结晶，揭示了人类文明进步的客观规律。

二、绿色发展、生态优先新理念

党的十八届五中全会提出要坚持创新、协调、绿色、开放、共享的发展理念。新发展理念是针对我国发展中的突出矛盾和问题提出的，是在深刻总结国内外发展经验教训、深刻分析国内外发展大势的基础上形成的，集中反映了我们党对经济社会发展规律认识的深化。坚持以人民为中心、坚持人与自然和谐共生的绿色发展理念，蕴含着深刻的马克思主义哲学真谛。生态环境保护的成败，归根结底取决于经济结构和经济发展方式。经济发展不应是对资源和生态环境的竭泽而渔，生态环境保护也不应是舍弃经济发展的缘木求鱼，而是要坚持在发展中保护、在保护中发展，实现经济社会发展与人口、资源、环境相协调，不断提高资源利用水平，加快构建绿色生产体系，大力增强全社会节约意识、环保意识和生态意识。绿色生态是最大财富、最大优势和最大品牌，一定要保护好，做好治山理水、显山露水的文章，走出一条经济发展和生态文明水平提高相辅相成、相得益彰的路子。

推进生态文明建设，必须全面贯彻落实党的十九大精神，以习近平新时代中国特色社会主义思想为指导，树立尊重自然、顺应自然、保护自然的生态文明理念，坚持节约资源和保护环境的基本国策，坚持节约优先、保护优先、自然恢复为主的方针，把生态文明建设融入经济建设、政治建设、文化建设、社会建设各方面和全过程；着力树立生态观念、完善生态制度、维护生态安全、优化生态环境，形成节约资源和保护环境的空间格局、产业结构、生产方式和生活方式。在生态环境保护建设上，一定要树立大局观、长远观、整体观，坚持保护优先，坚持节约资源和保护环境的基本国策，像保护眼睛一样保护生态环境，像对待生命一样对待生态环境，推动形成绿色发展方式和生活方式。

走向生态文明新时代，建设美丽中国，是实现中华民族伟大复兴的中国梦的重要内容。中国将按照尊重自然、顺应自然、保护自然的理念，贯彻节约资源和保护环境的基本国策，更加自觉地推动绿色发展、循环发展和低碳发展，为子孙后代留下天蓝、地绿、水清的生产生活环境。

协调发展、绿色发展既是理念又是举措，务必政策到位、落实到位。要采取有力措施促进区域协调发展、城乡协调发展，加快欠发达地区发展，积极推进城乡发展一体化和城乡基本公共服务均等化。要科学布局生产空间、生活空间、生态空间，扎实推进生态环境保护，让良好生态环境成为人民生活质量的增长点，成为展现中国良好形象的发力点。

绿色生态发展是生态文明建设的必然要求，代表了当今科技和产业变革方向，是最有前途的发展领域之一。人类发展活动必须尊重自然、顺应自然、保护自然，否则就会受到大自然的报复。这个规律谁也无法抗拒。要加深对自然规律的认识，自觉以对规律的科学认识指导行动。不仅要研究生态环境恢复、治理防护的措施，而且要加深对生物多样性等科学规律的认识；不仅要从政策上加强管理和保护，而且要从全球变化、碳循环机理等方面加深认识，依靠科技创新破解绿色发展难题，形成人与自然和谐发展新格局。

第二节　精准扶贫、精准脱贫基本方略

一、精准扶贫、精准脱贫方略的理论意义

消除贫困、改善民生、实现共同富裕，是社会主义的本质要求，是我们党的重要使命。党的十八大以来，以习近平同志为核心的党中央将脱贫攻坚上升到治国理政的战略高度，对脱贫攻坚工作不断进行理论和实践探索，逐步形成一套新的精准扶贫、精准脱贫基本方略，成为习近平新时代中国特色社会主义思想的重要组成部分，是打赢脱贫攻坚战的理论指导和实践指南，是马克思主义中国化的最新成果。精准扶贫、精准脱贫基本方略立意高远、内涵丰富、思想深邃，它集中探讨了扶贫开发的本质、目的、战略、路径、理念、动力及方式，科学反映了以习近平同志为核心的党中央对扶贫开发事业的规律性认识，是新时代中国共产党人集体智慧的结晶，为我国扶贫开发工作提供了科学系统的理论指导。精准扶贫、精准脱贫基本方略中蕴含的"以人民为中心""创新发展""协调发展""绿色发展""开放发展""共享发展"等价值理念，为我国脱贫攻坚工作提供了根本价值遵循。习近平总书记围绕"精准扶贫、精准脱贫"提出的"四个切实""五个一批""六个精准"等重要思想，为我国脱贫攻坚事业提供了一套科学而系统的扶贫思想体系。

二、精准扶贫、精准脱贫基本方略的主要内容

党的十九大报告作出了中国特色社会主义进入新时代的重大政治判断，当代中国扶贫开发事业也迈入了新时代。新时代扶贫理论的一个标志，是精准扶贫、精准脱贫理论的提出与完善。作为中国特色社会主义思想的重要组成部分，精准扶贫基本方略是对马克思主义反贫困理论的继承和发展，它在不同层面丰富和深化了扶贫开发的理论认知，是一套科学系统的理论创新和发展。

（一）扶贫目标的制定

习近平总书记在党的十九大报告中明确指出当前的扶贫目标，要让贫困人口和贫困地区同全国一道进入全面小康社会，确保到 2020 年我国现行标准下农村人口实现脱贫，贫困县全部摘帽，解决区域性整体贫困，做到脱真贫、真脱贫。到 2020 年稳定实现农村贫困人口不愁吃、不愁穿，农村贫困人口义务教育、基本医疗、住房安全有保障；同时实现贫困地区农民人均可支配收入增长幅度高于全国平均水平、基本公共服务主要领域指标接近全国平均水平。

中国共产党坚持在全面建成小康社会、实现共同富裕的道路上不落一人，让全体人民共享发展成果。习近平总书记指出："全面建成小康社会，最艰巨最繁重的任务在农村，特别是在贫困地区。没有农村的小康，特别是没有贫困地区的小康，就没有全面建成小康社会。""让人民共享经济、政治、文化、社会、生态等各方面发展成果"，"使全体人民在共建共享发展中有更多获得感"。"我们一定要始终与人民心心相印、与人民同甘共苦、与人民团结奋斗。""做好扶贫开发工作，支持困难群众脱贫致富，帮助他们排忧解难，使发展成果更多更公平惠

及人民，这是我们党坚持全心全意为人民服务根本宗旨的重要体现，也是党和政府的重大职责。"新时代的扶贫开发目标，体现了中国共产党人不忘初心、践行以人民为中心的发展思想的根本立场，体现了实现好、维护好、发展好最广大人民根本利益的坚定决心和不懈追求，彰显了人民至上的价值取向。

（二）扶贫对象的识别

精准识别是推进精准扶贫、精准脱贫基本方略的现实前提和重要基础。运用科学的方法精准识别贫困人口是精准扶贫第一要务。没有精准识别，也就没有精准扶贫和精准脱贫。习近平总书记多次强调，精准扶贫是要"扶真贫，真扶贫"。而"扶真贫，真扶贫"的基本前提就是要"识真贫"。精准识别就是通过一定方式把真正的贫困人口找出来，把真正的贫困原因找出来，建档立卡，详细记录贫困户家庭人口信息、致贫原因、贫困程度等情况，然后"对症下药"。精准识别哪些家庭需要扶贫、哪些人需要扶贫，充分了解他们的发展需求。习近平总书记指出，要"常去贫困地区走一走，常到贫困户家里坐一坐，常同困难群众聊一聊"。"做好精准扶贫，建档立卡制度要坚持，依靠群众精准找到和帮助贫困户"，只有这样，我们才能做好精准识别，才能找准"病"因。

精准识别标准是全国统一规定的建档立卡识别标准，即"户年人均纯收入低于国际扶贫标准且未实现'两不愁三保障'（指不愁吃、不愁穿，义务教育、基本医疗、住房安全有保障）"，并要求既不能提高标准也不能降低标准。精准识别解决了"扶持谁"的问题。建档立卡在一定程度上摸清了贫困人口底数，找到了贫困人口致贫原因。统筹协调，多方发力，精准识别，确保把真正的贫困人口弄清楚，既不遗漏真正的贫困人口，也不要把非贫困人口误纳为扶贫对象。只有这样，才能做到扶真贫、真扶贫。

（三）扶贫手段的创新

扶贫手段的创新是实现精准扶贫、精准脱贫的强大动力和重要途径。贫困人口致贫原因各不相同，有教育致贫，医疗致贫，建房致贫，缺乏劳动力、就业岗位、资金致贫等。扶贫不能"眉毛胡子一把抓"，而要"一把钥匙开一把锁"，实事求是、对症下药、靶向治疗、精准施策，合理安排扶贫项目和资金，提升贫困地区的"造血"能力，斩断穷根、开掘富源。只有从实际出发，尊重群众意愿，才能避免"花架子"，找到脱贫的"金点子"。与时俱进，不断创新扶贫手段，精准识别，选择"门当户对"的帮扶策略，精准施策，确保贫困人口可持续精准脱贫。

发展是甩掉贫困帽子的总办法。贫困地区要从实际出发，因地制宜，把种什么、养什么、从哪里增收想明白，帮助乡亲们寻找脱贫致富的好路子。要切实办好农村义务教育，让农村下一代掌握更多知识和技能。抓扶贫开发，既要整体联动，有共性的要求和措施，又要突出重点，加强对特困村和特困户的帮扶。

"精准扶贫"要取得好的成效，仅靠提供扶贫项目和资金是远远不够的，也是不可持续的。扶贫必须与时俱进，不断创新扶贫手段。要实事求是，坚持分类指导，根据贫困户致贫原因、所在地区、贫困类型来实施帮扶措施，做到精准到户、精准发力。以往的扶贫工作中，许多扶贫措施难以帮扶到贫困户，并产生很好的扶贫效果，其中一个原因，就是贫困户缺乏发展的技术、资金和市场信息。习近平总书记在中央扶贫开发工作会议上强调，要解决好"怎么扶"的问题，按照贫困地区和贫困人口的具体情况，实施"五个一批"工程。"五个一批"是精准扶贫基本方略在脱贫攻坚实践中重要的理论创新，因类制宜地通过发展生产脱贫一批、易地扶贫搬迁脱贫一批、生态补偿脱贫一批、发展教育脱贫一批和社会保障兜底一批的扶贫手段，来助力贫困人口脱贫。

1. 发展生产脱贫一批

2013 年 11 月 3 日，习近平总书记考察湘西十八洞村时提出，"发展是甩掉贫困帽子的总办法"，大力发展生产才是贫困群众摆脱贫困的根本途径。都说"一方水土养一方人"，贫困地区只有因地制宜，发展起本地的产业，增强贫困群众的"造血"能力，才是摆脱贫困的长久之策。要发展生产脱贫一批，"授人以鱼不如授人以渔"，大力发展特色脱贫产业，让贫困群众自己掌握脱贫致富的办法。给贫困地区原生性帮扶脱贫是不可持续的，只有帮助他们发展有可持续性收益的特色产业，才能使他们获得"造血"能力，可持续稳定脱贫。用发展生产脱贫一批，当贫困地区有了主导产业和优势产业，有可持续增收项目时，才能让贫困人口如期稳定脱贫，才能实现全面小康。

2. 易地扶贫搬迁脱贫一批

在生态良好、适宜人长期居住的贫困地区，可以通过发展特色产业来脱贫，而有些贫困地区生存环境恶劣、人民居住分散、自然灾害频发、生态环境脆弱，无法长期可持续性发展，典型的"一方水土养不起一方人"，那么贫困地区的人们想要脱贫和发展，就必须搬离原来居住的地方，搬到适宜的地方居住发展。精准扶贫基本方略明确指出，对于这样的群体，易地扶贫搬迁才是出路，才能解决这样一批长期难以脱贫的群众的脱贫与发展问题。

3. 生态补偿脱贫一批

对于生活在生态环境十分脆弱和重点生态保护区的贫困群体，他们长期处于"资源禀赋的贫困"状态，倘若对这些地区进行扶贫开发，经济虽会出现短暂的快速发展，但原本脆弱的生态环境将变得更加恶劣，导致生存在这样环境下的群体再次陷入贫困。若是投入更大力量，加大对环境的保护，同时通过生态转移支付，帮扶生存在这样环境中的群体，将会达到多方共赢的效果。基于这样的贫困现实，习近平总书记指出，绿水青山就是金山银山。要加大贫困地区生态保护修复力度，增加重点生态功能区转移支付，扩大政策实施范围，让有劳动能力的贫困人口就地转移成护林员等生态保护人员。用生态补偿来促进精准扶贫，要把生态环境与贫困群众的脱贫致富紧紧结合起来，用生态补偿来脱贫一批。

4. 发展教育脱贫一批

习近平总书记指出，治贫先治愚。要把下一代的教育工作做好，特别是要注重山区贫困地区下一代的成长。下一代要过上好生活，首先要有文化，这样将来他们的发展就完全不同。义务教育一定要搞好，让孩子们受到好的教育，不要让孩子们输在起跑线上。古人有"家贫子读书"的传统。把贫困地区孩子培养出来，这才是根本的扶贫之策。

长期以来，贫困地区教育资源分配不合理、师资力量薄弱、办学条件差、教师待遇低，导致农村教师普遍存在"下不去、留不住、干不好"的现象，贫困地区的孩子也就长期享受不到更好的教育，使得该群体整体教育文化水平低，无法拥有较强的自我发展能力，导致陷入贫困的恶性循环。习近平总书记把它概括为，越穷的地方越难办教育，但是越穷的地方越需要办教育，越不办教育越穷。从这样的实际情况出发，习近平总书记在党的十九大报告中指出，"扶贫同扶志、扶智相结合"，开展教育扶贫是阻断贫困代际传递的重要途径。对于这些贫困地区，要加大对其教育支持的力度，让贫困地区的孩子们享受同等的教育资源，用发展教育脱贫一批，使每个孩子都拥有人生出彩的机会。

5. 社会保障兜底一批

在贫困地区，有一群因年龄大、疾病或者残疾而失去劳动能力的贫困人口，他们无法通过发展生产、易地搬迁、生态补偿、发展教育来脱贫，只有采取社会保障的转移支付方式才能帮助他们摆脱贫困。基于这样的现实状况，习近平总书记指出，对于这些群体，要用社会保障来实现兜底脱贫。

（四）精准扶贫的管理

精准管理，是实施精准扶贫、精准脱贫基本方略的制度保证。党的十八大以来，脱贫攻坚的进程不断加快，已经成为"十三五"期间全党全国全社会的头等大事和第一民生工程。作为一项全国性的攻坚任务，参与扶贫的主体、项目、资金等方方面面规模宏大，因此，对人力、物力、财力的管理要更加精准和有效。为保证精准扶贫、精准脱贫基本方略的顺利实施，必须进行精准管理。它强调了精准扶贫管理内容和流程的精细化、科学化和高效化，有利于最大化节约扶贫投入、提高扶贫效率和效益。精准管理的内涵广泛，在各级组织、扶贫主体、项目与措施、扶贫资金、农户信息等方面均有涉及。

党的十八大以来加强了各级组织管理。精准扶贫是一项复杂的系统工程，它的成功实施需要强有力的组织保障。为打赢脱贫攻坚战，实行脱贫攻坚责任制，自上而下建立了"中央统筹、省（自治区、直辖市）负总责、市（地）县抓落实"的宏观责任体系以及因村派人、因村因户帮扶的微观责任体系，构建了省市县乡村五级书记一起抓扶贫、层层落实责任制的治理格局，层层签订脱贫攻坚责任书，立下军令状。做到分工明确、责任清晰、任务到人、考核到位，既各司其职、各尽其责，又协调运转、协同发力。

扶贫主体的精准管理使主体间明确职责、相互补位。在精准扶贫、精准脱贫基本方略指导下，全国逐渐形成了"专项扶贫、行业扶贫和社会扶贫"三位一体的扶贫开发工作格局，扶贫主体不再局限于政府，各类市场经营主体、社会组织、个人均积极参与到精准扶贫工作之中。其他扶贫主体在提供就业机会、产业带动增收、提供公共服务等环节积极发挥自身优势，实现与政府扶贫相互配合、相互补充，不断提高脱贫攻坚工作成效。

扶贫项目与措施管理日益精准。通过将项目审批权限下放到县级，由县级政府自主确定扶持项目，改变以往扶贫项目投入与农户需求不匹配等现象，不断增强扶贫项目的针对性与精准度。利用扶贫项目公示公开制度，调动百姓参与及监督扶贫项目实施的积极性，将扶贫项目真正落到实处。

扶贫资金管理更趋精准，效率更高。与扶贫项目类似，财政专项扶贫资金项目审批权限下放到县级，财政部门负责预算安排和资金下达，具体由扶贫、发展改革、农业等各职能部门负责资金的使用管理、绩效评价、监督检查等工作，省、市两级政府主要负责扶贫资金的监管。同时，对专项扶贫资金全面推行公开公示制度，保证财政专项扶贫资金的安排使用在阳光下进行，不断提高扶贫资金与项目的利用效率。

贫困人口信息管理不断完善。精准扶贫以来，通过开展建档立卡工作，建立起全体贫困户的建档立卡信息网络系统，通过对所有贫困人口实施动态管理，不断提高管理效率。在贫困人口建档立卡信息系统支持下，确保各项帮扶举措到户到人，扶到最需要扶持的群众，扶到群众最需要扶持的地方。

（五）扶贫成效的考核

扶贫成效考核是检验各级政府落实精准扶贫政策，完成脱贫攻坚工作情况，实现贫困地区贫困人口脱贫、贫困县摘帽真实可靠的重要保障。"真实可信、社会认可、人民认同"是精准扶贫、精准脱贫基本方略成效考核的目标与精髓。党的十八大以来，以习近平同志为核心的党中央，紧紧围绕实际，与时俱进，不断创新扶贫脱贫成效考核机制，脱贫攻坚考核制度体系不断完善，基本成形。从中央的顶层设计到考核的实际操作制度都日渐完备。实行最严格的考核评估制度，确保真实可信、社会认可、老百姓认账。按照习近平总书记关于扶贫成效考核的指示，各地也结合实际情况出台了一系列脱贫攻坚考核评估制度，初步形成了纵向到底、横向到边的脱贫攻坚考核体系。

"减贫成效、精准识别、精准帮扶、扶贫资金使用管理"是扶贫成效考核的基本内容，同时考核脱贫攻坚责任落实、政策落实、工作落实以及贫困县摘帽和贫困人口返贫情况。在考核的方式上，实施第三方评估考核、省际交叉考核、媒体暗访考核，考核方式不断创新、丰富，越来越科学合理。在考核数据收集上，考核分析建档立卡数据、贫困监测数据和财政专项扶贫资金绩效评价结果，纪检机关、审计部门、民主党派脱贫攻坚民主监督情况，扶贫领导小组督查巡查情况等。在考核评定结果上，改变打分排队的方法，结合年底集中考核情况与平时掌握情况，进行综合分析评价。"考核不是目的，考核是一个手段，改进工作是目的"，这是精准扶贫、精准脱贫基本方略在成效考核上的理论创新。这一创新让各地政府变压力为动力，变坏事为好事，传导压力，压实责任，脱贫攻坚工作发生了实质性变化，巩固和发展了脱贫攻坚的良好态势。扶贫成效考核在脱贫攻坚中发挥了指挥棒和推进器的作用。

第三节 "两山理论"的核心及其理论意义

一、"两山理论"基本内涵和核心要义

习近平总书记2015年7月在贵州考察时强调，要守住发展和生态两条底线。早在2005年8月，时任浙江省委书记的习近平到浙江省湖州市安吉县余村考察时，得知村里为了还一片绿水青山而关停所有矿区时，给予了高度评价，说："当鱼和熊掌不可兼得的时候，要学会放弃，要知道选择，发展有多种多样，要走可持续发展的道路，绿水青山就是金山银山。"2013年9月7日，习近平主席在哈萨克斯坦纳扎尔巴耶夫大学发表演讲并回答学生们提出的问题，在谈到环境保护问题时进一步指出："我们既要绿水青山，也要金山银山。宁要绿水青山，不要金山银山，而且绿水青山就是金山银山。""为什么说绿水青山就是金山银山？'鱼逐水草而居，鸟择良木而栖'。如果其他各方面条件都具备，谁不愿意到绿水青山的地方来投资、来发展、来工作、来生活、来旅游？从这一意义上说，绿水青山既是自然财富，又是社会财富、经济财富。"习近平总书记还指出，一些地方生态环境基础脆弱又相对贫困，要通过改革创新，探索一条生态脱贫的新路子，让贫困地区的土地、劳动力、资产、自然风光等要素活起来，让资源变资产、资金

变股金、农民变股东，让绿水青山变金山银山，带动贫困人口增收。这些重要论述深刻揭示了人与自然、社会与自然的辩证关系，为新时代生态文明建设确立起新的理论和实践范式，为贫困地区发展、扶贫脱贫确立了底线。"既要绿水青山，也要金山银山"，核心在发展。当代中国经济社会发展取得举世瞩目的成就证明，发展是党执政兴国的第一要务，只有发展才能为脱贫攻坚奠定基础。"宁要绿水青山，不要金山银山"，核心在保护，说明再也不能以牺牲环境为代价换取一时经济增长，贫困地区的发展要把环境保护和贫困人口脱贫结合起来。"绿水青山就是金山银山"，核心在统筹，彰显人与自然是生命共同体，倡导牢固树立社会主义生态文明观，推动形成人与自然和谐发展的现代化建设新格局，这为贫困地区加快发展指明了方向。

"绿水青山就是金山银山"系列阐述，其实质就是"减贫富民强国、构筑美丽中国梦"的一种形象化表达，是"社会主义生态文明观"的一种形象化表达，也是当下治国理政核心理念的一种形象化表达。它所强调的是，大力推进"社会主义生态文明"建设，就是要在逐渐解决目前所面临的严峻生态环境难题的同时，构建中国特色社会主义的人与自然、社会与自然关系，实现减贫富民强国、美丽中国伟大梦想的新型现实道路。

二、"两山理论"是生态扶贫理念的理论基础

"两山理论"是生态扶贫理念的重要理论基础，是脱贫攻坚政策和制度制定的重要理论指导。仔细学习、深刻领会，可以发现其中包含的三层意义：其一就是绿色发展与减贫相融合，即生态扶贫的两条底线"坚守论"；其二就是"宁要绿水青山，不要金山银山"的生态扶贫

基础论;其三就是"绿水青山就是金山银山"的生态扶贫目标论。由此形成了生态扶贫三个梯度递进的生态扶贫理论新体系和新框架。

首先,我们既要绿水青山,也要金山银山,即生态扶贫的两条底线"坚守论"。2015年6月,在贵州考察调研的习近平总书记提出,要守住发展和生态两条底线,培植后发优势,奋力后发赶超,走出一条有别于东部、不同于西部其他省份的发展新路。反贫困要守住经济发展和生态保护两条底线,不仅是习近平总书记对贵州经济发展和脱贫致富的明确要求,也是对全国各地实行生态扶贫的殷切希望。

其次,"宁要绿水青山,不要金山银山"是生态扶贫的基础和前提。即在贫困地区谋求脱贫致富的同时,也要重视生态环境保护,不能为了"一时"脱贫而损害"长期"的效益。在脱贫攻坚过程中,对于扶贫项目的选择不能追求短期化,而应以绿色发展理念为原则,充分考量人、自然和社会的协调统一发展,在以打造贫困地区"金山银山"为目标之一的同时,更注重贫困地区"绿水青山"的保护延存与可持续发展。

再次,"绿水青山就是金山银山"是贫困地区推进生态扶贫的目标和任务。也就是说,当人们打破对传统扶贫开发的认识、生态与经济价值观念得以重塑之后,该如何构建生态优势与实现生态效益,成为生态扶贫的核心问题。如果生态扶贫不能真正为经济创造价值,那么实现"绿水青山"到"金山银山"、生态环境优势到生态经济效益的转化也就将变得不可能。因此,要以绿色发展开拓贫困地区优势,如发展生态服务业、生态移民搬迁、新能源扶贫等,开创绿色发展的新格局。要打造让贫困人口参与多、获得感强的新兴绿色产业,在推动生态产业扶贫工作时,积极探索将扶贫开发财政资金折股到户,以确保贫困人口的收益。

可以看出，生态扶贫是根据贫困特征而实施的可持续减贫战略，从贫困地区生态环境等绿色资源入手，通过构建绿色资源与贫困地区经济、社会价值循环机制，最终达到减贫与可持续发展的双重目标。其中，"绿色"不仅仅指良好的生态环境资源，同时也代表一种包容性的、可循环的益贫式发展模式和路径。

第四节　生态扶贫新理念

一、生态扶贫的提出和内涵概括

党的十八届五中全会通过的《中共中央关于制定国民经济和社会发展第十三个五年规划的建议》(以下简称《建议》)中，提出了生态扶贫这一思想，将生态扶贫作为精准扶贫、精准脱贫的重要方式之一。《建议》指出，实施精准扶贫、精准脱贫，应因人因地施策，提高扶贫实效，对生态特别重要和脆弱的地区，实行生态保护扶贫。生态扶贫的内涵主要有以下三点。

（一）生态扶贫是"五位一体"总体布局的一次具体实践

建设生态文明是关系人民福祉、关乎民族未来的长远大计，应融入经济建设、政治建设、文化建设、社会建设各方面和全过程。它指向了生态特别重要和脆弱的地区，体现了生态环境保护、节约资源、绿色发展的生态文明建设思想。

（二）生态扶贫是全面建成小康社会的有力保障

全面建成小康社会是"四个全面"战略布局中总揽全局的战略目标，是实现中华民族伟大复兴中国梦的关键一步。习近平总书记多次强调，全面建成小康社会，最艰巨最繁重的任务在农村，特别是在贫困地区。全面建成小康社会能否如期实现，很大程度上要看脱贫攻坚工作做得怎样。

（三）生态扶贫体现了绿色与共享两大发展理念的统一

新发展理念是相互贯通、相互促进、具有内在联系的集合体，必须将新发展理念统一贯彻落实，不能顾此失彼，也不能相互替代。生态扶贫正是新发展理念指导下的制度创新，兼顾绿色与共享两个方面，在坚定走生产发展、生活富足、生态良好的文明发展道路的同时，做出更有效的制度安排，使得发展成果由人民共享，推动美丽中国建设。

二、生态扶贫理念的主要内容

（一）最终目标是消除贫困、改善民生、实现共同富裕

实施生态扶贫，遏制生态恶化，避免陷入生活贫困的恶性循环，这是扶贫开发的新路径，其最终目标就是要消除贫困，实现共同富裕。这体现了社会主义的本质要求。邓小平认为，社会主义的本质，是解放生产力，发展生产力，消灭剥削，消除两极分化，最终达到共同富裕。习近平进一步指出，贫穷不是社会主义。如果贫困地区长期贫困，面貌长期得不到改变，群众生活长期得不到明显提高，那就没有体现我国社会主义制度的优越性，那也不是社会主义。以私有制为基础的封建社会、资本主义社会不可能实现共同富裕。它们都是为了少数人的利益而剥削和占有劳动人民的劳动成果，因而必然引起两极分化，贫富悬殊。社会主义社会以公有制为基础，必然要消灭剥削，消除两极分化，消除贫穷，最终实现全体社会成员共同富裕的目标，这是社会主义与以往一切旧社会制度的本质区别。生态扶贫理念的最终目标是消除贫困、实现共同富裕、促进人民全面发展，这是坚持和发展中国特色社会主义的本质要求和价值诉求。

（二）核心要义是扶贫开发与生态保护相协调

贫困和生态环境恶化是孪生兄弟。贫困落后往往忽视了长远利益和可持续发展，而只顾眼前的生存利益，一味地向环境索取而无力或无视解决生态环境问题，结果造成生态环境退化，生态环境退化又将导致生产效率降低，生产效率降低又导致贫困落后，由此形成了"贫困—环境恶化—贫困"恶性循环的怪圈。这种怪圈在许多国家的发展历史中都出现过，或者是许多落后国家正在经历的现实。对此，习近平总书记曾指出，经济发展和环境保护是传统发展模式中的一对"两难"矛盾，是相互依存、对立统一的关系。应该把生态环境保护与扶贫开发放在突出重要的位置，绿水青山与金山银山既会产生矛盾，又可辩证统一。那么，如何有效地处理二者之间的关系，实现人与自然、经济与社会的和谐共生、共融共存呢？生态扶贫的核心要义是扶贫开发与生态保护相协调，脱贫致富与可持续发展相促进，通过生态扶贫妥善处理好这对矛盾，实现人与自然、经济与社会协调发展，在选择之中，找准方向，创造条件，让绿水青山源源不断地带来金山银山。因此，不能光追求速度，而应该追求速度、质量、效益的统一；不能盲目发展，污染环境，给后人留下沉重负担，要着眼当前，更考虑长远，承担起积极推进全面、协调、可持续发展的重任。

（三）关键路径是发展生态产业，配套实施产业扶贫开发

贫困地区发展生态产业，首要的是发展生态农业。农业是人类社会生存和发展的基础，没有农业的健康发展，就没有农村的可持续发展，也就不可能有整个社会的可持续发展。发展生态农业是贫困地区脱贫致富的主要依托和支柱产业，也是第二、第三产业逐步发展的重要支撑。发展生态农业，包括发展中药材、禽畜、竹林改造，改造和

壮大蚕桑、林业、禽畜养殖、高山蔬菜、烤烟、杂果等山区特色经济和产业，推进特色农副产品、有机农产品的精、深加工，实施生态建设产业化和农业发展生态化。习近平同志曾在浙江日报《之江新语》发表评论指出，生态环境优势转化为生态农业、生态工业、生态旅游等生态经济的优势，那么绿水青山也就变成了金山银山。国家以扶贫资金、扶贫项目以及扶贫政策的形式推动生态产业发展，并为实现集中连片特困地区扶贫开发提供保障。同时，加大对天然林资源保护、退耕还林、水土保持、沙漠化治理、野生动植物保护及自然保护区等生态工程的支持力度，加大生态补偿相关的财政转移支付力度，探索特殊的生态移民政策和生态产业发展政策，借助生态工程的实施发展生态农业、生态旅游业及生态产品的开发。国家先后实施了长江中上游防护林体系建设工程、天然林保护工程、退耕还林还草工程和生态移民工程。生态工程实施多年来，极大地保护了当地自然生态，一定程度上改变了当地贫困落后的面貌。因此，积极发展生态农业、配套实施产业扶贫开发成为生态扶贫的关键。

（四）根本途径是依靠科技，走绿色、生态、科学发展之路

"保护环境就是保护生产力"，只有进行生态保护，才能促进生产力发展、经济发展，才能消除贫困。因此，解决贫困问题，最根本的就是走绿色、生态、科学发展之路。加快欠发达地区的发展，不能只注重经济增长盲目求快，也不能只注重眼前利益而忽视长远，妄图一蹴而就地发展。而应当有效利用当地的自然资源、地理环境，充分发挥当地人民的主体性作用，发挥当地独特的自然资源优势，既要 GDP，又要绿色 GDP。经济增长不等于经济发展，经济发展不单纯是速度的发展，经济的发展不代表着全面的发展，更不能以牺牲生态环境为代

价。科学技术是第一生产力,生产力中最重要的非实体性要素是科学技术,因此,实现人口、资源、环境、生态等方面的协调发展要依靠科技进步与创新,促进生态建设、经济发展、环境保护要依靠科技进步与创新。科学技术的进步,将促进农业产业化和农民劳动方式的变革,加速农产品的升级与更新,实现"生态农业—生态保护"的良性循环,生态扶贫开发依靠先进的科技手段、新技术、新方法,能减少成本,降低能耗和污染,改善自然、社会环境,提高生态效益,从而促进社会、经济与科技进步的有效互动,形成科技、经济、生态的良性循环。

第三章

国内外生态扶贫
的理论与实践

党的十八大以来，从山水林田湖草的"命运共同体"初具规模，到绿色发展理念融入生产生活，再到贫困地区经济发展与生态改善实现良性互动，以习近平同志为核心的党中央将生态文明建设推向新高度，美丽中国新图景徐徐展开。

第一节　国外生态扶贫的理论和实践借鉴

一、生态文明理念

生态文明理念较早是 1962 年由美国生物学家蕾切尔·卡逊在《寂静的春天》一书中提出，为当时处于工业文明的世界带来新的思考和声音，是人类迈进生态文明的重要奠基石。到 1972 年 6 月，《联合国人类环境会议宣言》中确定生态文明理念对人类发展的重要性。1987年，世界环境与发展委员会发表了《我们共同的未来》，报告确定了"持续发展"的基本路线，根据当今世界环境与发展存在的问题提出具体的解决办法及相关建议措施。1992 年 6 月，联合国通过《里约环境与发展宣言》《21 世纪议程》《联合国气候变化框架公约》等一系列环境保护相关报告。2002 年 8 月，联合国在南非约翰内斯堡召开的可持续发展世界首脑会议，通过了两份主要文件——《执行计划》和题为《约翰内斯堡可持续发展承诺》的政治宣言。2016 年在联合国大会第七十届会议上通过《2030 年可持续发展议程》，对人类生态文明发展提出更为明确的内容和要求。在此阶段人类以知识作为整个社会的核心财产，为人类创造了无与伦比的价值和财富。据统计，近几十年来，人类取得的科技成果比过去两千年的总和还要多。同时，人们逐渐意识到只有注重人与自然的和谐发展才是促进人类可持续发展的有效路径，人类文明从"黄色文明""黑色工业文明"进而演进到"生态文明"时代。

二、可持续发展理论

可持续发展理论是 1987 年世界环境与发展委员会提出的全球发展战略，是指在达到人类发展需求的同时，又维持自然系统为人类持续提供经济和社会发展所需要的资源和系统服务的平衡状态。可持续发展在早期提出时主要针对的是当时的环境问题。随着社会的不断发展，可持续发展逐渐演变为生态、经济和社会综合发展的理念。从人类发展角度而言，可持续发展是人类发展的共同目标，也是满足不同时代社会可持续发展的唯一路径。在实现过程中遵循三大原则，即公平性、持续性和共同性。所谓公平性，是指在发展过程中，一方面遵循本代人横向之间的平衡发展，以及不同地区、不同人群享有平等的权利与机会。另一方面也要重视当代人和后代人之间的纵向发展，在满足当代人基本需求的同时，充分考量后代人在未来发展中的发展潜力。持续性是从生态角度出发，保证生态系统在受到干扰或破坏时仍能保持其生存能力，具有较强的恢复能力和承载能力。共同性是指可持续发展的实现需全球共同参与、共同协调，人与自然是可持续发展的共同主体。

三、内发型发展理论

内发型发展理论是 20 世纪 70 年代日本学者鹤见和子提出的。内发型发展理论的主要思想是发展并不局限于物质生活水平的提高，与此同时，还包括精神意识和思想创造，使人们成为变革主体。内发型发展要素包括粮食、健康、居住、教育等人类得以生存并发展的一切必要生活物资和条件。从发展范围来看，内发型发展理论提出以小规模的范围区域进行发展，强调以区域为单位的发展模式。内发型发展理论突破行政或国度界限，强调以地理特征为依据进行小区域划分，这样做的优势，是可以增强本地区居民对于自身地区条件的定位，更有助于发挥其自身选择权和掌控权，从而提升内部发展能力。在此期间，英国发展经济学家达德利·西尔斯（Dudley Seers）也对内发型发展做出相关的研究。1977 年达德利·西尔斯在先前对"发展"的意义研究基础上提出发展的自助性，表明发展在教育、饮水、健康等因素均等的条件下，还需进一步提升地区自身的经济自给率和降低对于外界的依赖程度。

内发型发展理论对于中国生态扶贫具有很高的理论参考价值。首先，从研究内容看，内发型发展理论支持生态扶贫理念，认同一个地区发展需要依靠经济、教育、居住、生态等多维度的综合发展。其次，从研究范围来看，生态扶贫与内生发展理论相同，也强调结合不同地区的生态贫困状况进行有针对性的帮扶，认为较小范围的区域更容易精准把握生态贫困的特征，对于地区的扶贫方案也更具有针对性。因此，内发型发展理论与生态扶贫之间有着较强的契合点，是生态扶贫理论的研究支撑。

四、生态发展理论

生态发展是 2002 年联合国开发计划署首次提出的发展理念，旨在发展以效率、和谐、持续为目标的发展方式，将生态文明建设理念贯穿经济、文化和社会等各方面发展之中。生态发展是将生态经济、生态社会和生态政治等有机结合的综合发展体。从经济方面来看，生态发展是指在资源环境承载潜力的基础上，依靠高科技水平节约生态资本，发展低消耗、低能耗产业的经济发展路径。从生态方面来看，生态发展是指在生态环境承载能力范围之内的包容性发展方式，宗旨是生态资源和可持续发展。从本质上看，生态发展理论的提出来源于三方面：一是从中国古代而来的"天人合一"的智慧，即人类与自然共生、共处、共存、共荣，呵护人类共有生态家园的一种人与自然和谐相处、相辅相成、互相促进的共生关系；二是体现了一种科学发展观念，是从经济发展到可持续发展、再到全面综合发展的理念延续和升级；三是人类科学技术的发展与进步。

第二节　中国生态扶贫理论研究综述

近年来，我国生态扶贫的相关研究不断出现，学者对于生态扶贫理论的适用性和可行性也具有越来越清晰和深入的认识。国内对于生态扶贫的研究主要体现在理念、内容和方法上，通过定性和定量的分析研究，逐步掌握了生态扶贫的形成、机制和运行成效。

一、生态扶贫的理念研究

随着学者对生态发展和扶贫的不断深入研究，逐渐发现生态环境与贫困之间具有较强的耦合性，生态环境的好坏一定程度影响着一个地区的贫困状态，扶贫效率的高低也与生态环境质量息息相关。戴旭宏（2012）认为贫困地区大多处于生态脆弱地区，在扶贫开发的过程中面临着协调经济发展与生态保护问题，因此需要采取生态环境保护与扶贫开发相结合，"在保护中开发、在开发中保护"的新途径——生态扶贫。生态扶贫的基本要求包括经济的可持续、生态的可持续和社会发展能力的可持续。生态扶贫正在得到学者们的关注，国内研究侧重于论述扶贫与生态增长间的关系，但没有将生态增长与扶贫完全结合。莫光辉（2016）指出了传统生态扶贫发展进程还存在经济社会发展与生态环境保护的矛盾较为严峻、建构生态扶贫体系面临社会阻力、生态扶贫的整体运行机制亟待完善、加快贫困地区生态扶贫政策的顶层设计迫在眉睫等主要问题，提出了脱贫攻坚战进程中生态扶贫的实现路径：构建脱贫攻坚战的生态扶贫体系，落实生态移民搬迁，推行生态补偿机制，扶持生态产业发展，完善生态考评管理机制。陆汉文（2012）认为选择恰当的政策工具，可以促进集中连片特困地区扶贫开发与生态建设相结合并形成良性互动格局，走出一条低碳扶贫道路。集中连片特困地区低碳扶贫的政策工具主要包括碳汇产业、有机农业、生态旅游发展等基于市场机制的政策工具，以及保护性耕地补偿、农业节水补偿、退耕还林等基于政府财政转移支付的政策工具。受制于贫困统计数据获得的困难，上述所有研究以定性研究为主，定量研究还不多见，在研究的精细程度上，还有进一步突破的空间。雷毅（2017）指出中国西部贫困地区与生态脆弱地区在地理分布上高度重叠，且贫困加剧了生态退化。生态化引领脱贫攻坚有利于增强生态环境价值与收入提高的相关性，提高贫困人群拥有的生存资本存量和质量，发挥贫困和弱势群众比较优势促进就业。建议构建生态扶贫体制机制、强化生态扶贫资本积累、塑造生态扶贫理念意识、发展生态扶贫特色产业、拓展生态扶贫金融渠道。郑长德（2016）基于增长—贫困—不平等—环境的发展"四角"关系，分析集中连片特困地区的发展特点，认为集中连片特困地区经济发展水平低，是我国欠发达地区中的欠发达地区，贫困人口多，贫困程度深。在地理上，这些地区均处于所在省区的边缘地区，发展的地理条件不利，且多为生态功能重要地区和生态脆弱地区。在经济增长过程中，由于县域内地表结构复杂，增长在城乡之间、地区之间不平衡，导致发展差距大，不平等问题突出。基于这些分析，提出集中连片特困地区的区域发展和扶贫开发应走包容性生态发展之路，强调在扶贫政策设计中特别要注意机会的均等化。

因此，生态扶贫是兼顾生态环境保护和消除贫困的有效途径，是生态文明建设的重要内容。生态扶贫的本质实现了可持续发展的人、经济和环境三者协同发展的要求。何建坤（2012）认为，在可持续发展和扶贫框架下，生态经济与可持续发展的制度建设及改革，是当前世界可持续发展的核心和关键。可持续发展要求既要促进经济社会发展能力与资源环境相协调，促进"代际公平"，又要关注欠发达地区和贫困人群，使发展程度不同的国家和地区的人民都能提高生活质量和改善生态环境，可持续发展能够彻底消除贫困，实现"国别公平""人际公平"。

二、生态扶贫的内容研究

生态扶贫从内容上来看具有很强的多样性，具体体现在生态扶贫、旅游扶贫、新能源扶贫、农业扶贫、文化扶贫等不同的包容性发展模式中。齐子鹏等（2014）从贫困增长视角审视我国乡村旅游经济的发展，发现我国部分乡村旅游地区存在亲富式增长倾向，而这种经济增长方式导致的收入分配不公正是近几年乡村旅游目的地冲突、拦阻游客现象频发的根源所在。政府应制定一个倾向贫困群体发展的战略，缩小贫富差距，使贫困群体能够从经济增长中获得更多的收益。王玮等（2015）在对我国农村公共教育支出状况及农村贫困状况进行分析的基础上，实证检验农村公共教育支出扶贫的整体效果及省际差异，指出农村教育支出对农村相对贫困具有较好的缓解作用，但是教育支出的扶贫效果存在明显的省际差异。我国农村教育支出在东部、中部、西部三个区域中所表现出的扶贫效果并没有达到较为均衡的状态。建议建立对省级政府的全省教育支出占 GDP 比重的考核机制，省级政府也有责任大幅度提高本省财政性教育经费投入。王曙光等（2015）根据"西藏重大现实问题研究课题组"赴西藏自治区各地实地调研所获得的藏北草原生态补偿政策执行情况的第一手资料，分析了藏北草原生态补偿政策的绩效和机制。指出在一些地区推行草原生态补偿制度的同时，应当考虑生态保护与反贫困双重目标的兼容与结合，以科学方式促进这些地区摆脱贫困落后的现状，构建环境保护和经济增长的长效机制。王英等（2016）基于旅游波动和风险管理视角对旅游发展与贫困减缓的多样化关联进行了逻辑统一，在使用 HP 滤波方法测度旅游需求波动的基础上，使用门限面板模型对 2000—2013 年中国旅游发展的非线性扶贫效应进行了实证检验，发现旅游波动是影响旅游发展扶贫效应的重要因素，旅游产业具备成为阶段性重要扶贫动力来源的潜力。指出在旅游扶贫政策的制定和实施中，应秉持辩证和动态视角，当意识到旅游扶贫效应已经步入递减区间时，要进行主动、系统、综合的风险管理。理解外部环境变化对旅游发展冲击的潜在影响，通过旅游需求结构和产业结构调整提升贫困人口应对风险冲击的韧性，并通过互助、保险等风险应对手段，促进资源在不同风险状态之间转移，提升旅游扶贫绩效。汪向东等（2015）指出在县域电子商务和涉农电子商务发展迅速的背景下，以信息扶贫为代表的电子商务助力扶贫工作的新型扶贫方式被更多的区域和主体所采用。为此，主管部门应该把信息扶贫纳入到国家扶贫工作体系中，各地应发挥好电子商务在产业引导和金融扶贫方面的积极作用，同时还需要夯实与电子商务扶贫相关的基础设施。李晶（2017）认为主观因素致贫型人口普遍存在对外来文化及其思维模式、行为规范的观望或抵触态度。贫困是一种结构性存在，贫困文化作为一种典型的差异性文化现象，严重制约了人口智力资源的大规模开发与利用。文化"精准扶贫"中的跨文化沟通具有鲜明的实践品格，它对增强贫困人口文化自信、推动乡土文化的"内生性重构"有重要意义。陈晓琴等（2017）从农村电商扶贫面临的难题着手，通过分析总结目前国内典型的电商扶贫模式及相关经验，认为我国电商扶贫的可能性路径有："贫困户＋电子商务""贫困户＋帮扶主体＋电子商务""贫困户＋合作社＋电子商务""贫困户＋龙头企业＋电子商务""贫困户＋电商环境"等。王亚林等（2017）总结了甘肃省陇南市金融支持电商扶贫的经验，包括完善金融支持电商扶贫的政策措施、建立"金融扶贫主办行"示范点、改善电商扶贫的金融服务基础、建立工作协调和沟通机制等，分析了当前影响金融介入电商扶贫的因素，如电商自身条件差、电商金融需求的特殊性、金融服务创新不足、业务经营风险控制难度大等。邓小海（2015）构建了旅游扶贫项目识别的"RHB"框架和旅游扶贫目标人群识别的"意愿—能力"模型，提出了引入市场理性选择机制进行贫困人口识别的思路。指出旅游精准扶贫识别应从旅游扶贫开发条件、旅游扶贫项目和旅游扶贫目标人群三方面系统展开，其主体应包括政府、贫困人口、企业、非政府组织、社会公众等。旅游扶贫项目识别应遵循适应性、效益性和益贫性三个标准。旅游扶贫目标人群是那些既具有劳动能力又有参与意愿的贫困人口。应建立动态的旅游扶贫项目和旅游扶贫目标人群识别机制；建立多元的旅游扶贫帮扶体系，加大旅游扶贫帮扶力度，提高旅游扶贫帮扶的针对性；建立跨区域多元的旅游扶贫协调机构，加强旅游扶贫监管。耿翔燕等（2017）指出生态补偿式扶贫不同于生态扶贫，其具有一定的针对性和局限性。明确生态补偿式扶贫的内涵和职能定位是科学运用该扶贫手段的前提条件。瞄准扶贫对象、完善资金的筹集管理、合理选择扶贫方式、跟进监督与评估是构建生态补偿式扶贫运行机制、提高精准扶贫效率的关键因素。熊善高等（2016）以国家重点生态功能区和国家级贫困县——湖北省秭归县为例，探索了环境保护与扶贫协调推进的路径，提出了从明确发展定位、完善顶层设计、优化产业结构、加强制度创新、强化体制机制建设五个方面促进环境保护与扶贫协同发展的措施建议。曾天山（2016）指出扶贫、脱贫须对症下药才能有效，变"输血"为"造血"才能长效，人的思想观念更新和知识能力提升是脱贫致富的原动力，根本措施是"治贫先治愚，扶贫必扶智，扶智教为重"，开发人力资本，积累社会资本，用好物质资本，增强自主发展能力。落实"教育脱贫一批"任务，助力全面脱贫目标，提高扶贫成效，必须发挥学科、人才和智力、文化、信息等方面的优势，做到分工明确、责任清晰、任务落实、评价科学、特色鲜明、持续发展，走出一条教育扶贫带动智力扶贫、科技扶贫、健康扶贫、生态扶贫、产业扶贫的新路子。

三、生态扶贫的定量分析研究

关于生态扶贫的定量分析，许多学者进行了研究和探讨。张琦等（2012）通过定量分析，测度了发展方式转变与扶贫之间的关系：其一，发展方式转变，重构了扶贫的动力机制，即产业动力、增长动力和内生动力等发生了新转变。其二，发展方式转变，使扶贫路径和方式发生新变化，即引致了贫困人口收入来源、扶贫重点以及就业方式发生新变化。加大生态补偿力度、保障贫困人口收入是决定发展方式转变的重要因素。陈胜东等（2016）以江西赣南原中央苏区农户为研究对象，通过抽样调查方式分析搬迁移民行为对移民农户生计资本的影响。结果表明：搬迁后，农户生计资本有较为显著的提高，且搬迁移民行为是移民扶贫的主要手段，搬迁移民行为能有效地增加移民户物质资本及社会资本，达到农户扶贫目的。刘静（2013）利用2009年分省数据和2007—2008年的分县数据进行统计描述分析，用回归分析方法揭示出水资源、气候变化同贫困之间的数量关系。研究结果表明，在其他投入要素不变情况下，灌溉条件改善和应对气候变化适应能力增强对农村扶贫有显著正向作用，今后应在加大灌溉投资的同时提高贫困农户的气候变化适应能力。田飞丽（2014）基于广义帕累托洛伦兹曲线模型以及洛伦兹曲线与收入密度函数间的理论关系，构建了一种利用分组数据测算贫困指数的新方法，并使用统一的贫困线标准测度我国农村FGT贫困指数。进一步实证检验了各项农业政策的扶贫绩效，增加农业基本建设支出和农户贷款有利于减少贫困人口数量，但由于贫困者在资源获得过程中处于不利地位，导致贫困与非贫困群体间的收入差距、贫困群体内部的不平等程度在不断扩大，而增加农村教育支出能够保证贫困群体更多受益。孔凡斌等（2014）以江西赣南原中央苏区农户为研究对象，通过抽样调查获取数据，运用双重差分模型，以非移民户为参照对象，分析搬迁移民实施对移民农户生计资本的影响，指出搬迁移民实施对移民农户生计资本的净增效果显著，同时搬迁移民安置点的选择显著地影响农户生计资本。北京师范大学中国扶贫研究中心（2015）首次提出生态扶贫的新理念，同时首次构建了"中国生态扶贫指数"。以中国扶贫开发主战场——集中连片特困地区为背景，对中国生态扶贫指数进行了综合测度和多层次分析与比较，并对罗霄山区进行了案例分析和检验。张丽荣等（2015）对我国生物多样性保护与扶贫的积极和消极影响关系进行了梳理和分析，采用态势分析法对我国现行的生物多样性保护与扶贫的宏观政策在未来二者协同发展过程中的优势、劣势、机会和威胁进行了深入探讨。并在此基础上对以生物多样性可持续利用为核心的保护与扶贫协调发展的途径进行了探索，提出了促进二者协同发展的生态移民、生态资本带动、生态旅游、生态考评等模式，对我国推进生物多样性保护与扶贫协同发展提供借鉴。崔湛钜（2014）以2007年山西社会核算矩阵为基础建立了固定价格的乘数模型，研究了不同产业发展对居民收入的影响，但居民收入的增长不一定会使贫困减少，为进一步研究产业发展与减少居民贫困之间的关系，依据可以反映居民收入与贫困的 FGT 指数构建了对贫困度敏感性效应分解的乘数模型，计算出了居民的贫困发生率、贫困深度和贫困强度，揭示了产业发展和贫困度之间的关系。其中，教育投入对居民的收入和扶贫效应影响最大，教育部门对城镇居民收入的拉动作用要大于农村居民，但对于赤贫人口的扶贫效应更加显著。卫生、社会保障和福利部门在同时考虑对经济影响和居民扶贫时，作用更明显。黄承伟、周晶（2016）通过对贵州省石漠化片区草场畜牧业案例的研究，得出石漠化片区草场畜牧业产业化扶贫是兼顾扶贫与生态双重目标下的创新模式，这种生态扶贫发展模式破解了石漠化地区的"贫困陷阱"，通过促进本土资源、市场资源、扶贫资源的有效衔接，贫困地区土地资本、劳动力资本、生态资本等核心要素的带动运转，实现了贫困地区扶贫目标和生态文明的双赢目标，促进了贫困地区的可持续发展。侯一蕾等（2014）以湖南湘西土家族苗族自治州为例，研究林业生态建设对山区扶贫的影响，研究得出林业生态建设对山区扶贫有一定的促进作用，但目前的林业生态建设的需求与农户的生计需求之间仍然存在着一定的矛盾，现行相关政策缺乏系统性，改进余地大。对协调林业生态建设和山区贫困问题提出了几点建议：第一，发展林下经济，促进农民增收；第二，加强投入和生态补偿；第三，建立林业生态建设和减缓贫困的激励和约束机制。郜秀军等（2017）依据宁夏回族自治区 10 个移民新村的调查数据，采用 FGT 贫困测度指标、偏相关分析方法分析了生态移民户的贫困水平、趋势和相关性，探讨了集中连片安置和集中但不连片安置扶贫效果差异的原因。研究发现：移民户集中但不连片居住的安置方式，既有利于使移民户保持原有的社会联系，同时有助于移民户利用附近的农业产业园区，形成就近务工，增加市场行为，还利于增加与已有居民的社会联系，促使移民户在转换生计方式、思想观念等方面发生变化，这些因素都有利于移民户实现扶贫脱贫。杜洪燕等（2017）以北京市延庆区的 448 户农户的调查数据为例，采用二值选择模型，研究了生态因素和生计因素对农户参与岗位类生态补偿项目的影响。研究结果表明：农业生产活动多、非农业劳动多或者家庭规模大的农户均倾向于参与岗位类生态补偿项目；目前的岗位类生态补偿项目存在富裕户和贫困户收益不对等、对贫困户的识别和瞄准机制不完善、不能有效刺激贫困户就业等方面的问题。建议：注重农业生产在农村地区的基础性作用，加强项目实施前后的基础信息收集，注重项目的提质增效，对就业不充分的贫困户给予有效关照，做好涉农政策普及等。

第四章

生态扶贫实践探索专题研究

当前，我国生态扶贫理念融合生态增长理论及贫困研究理论，推动了一系列生态扶贫政策制度的形成和完善，形成了易地扶贫搬迁、绿色扶贫、旅游扶贫、生态扶贫等实践模式。

第一节　易地扶贫搬迁理论及实践

易地搬迁和生态移民是目前我国实施脱贫攻坚的"标志性工程"，旨在解决"一方水土养不起一方人"的地方贫困户的脱贫问题，是解决生态脆弱地区人口压力和贫困的有效途径。经过几十年的探索，易地扶贫搬迁的经验不断丰富，政策日臻完善。

一、易地扶贫搬迁理论

易地扶贫搬迁是出于生态和环境目的而另选他址进行后续扶持的搬迁，是解决生态脆弱地区人口压力和贫困的有效途径。对于生态环境脆弱、交通不便的地方，过度的人口压力是导致生态环境恶化和贫困的主要原因。实施生态扶贫搬迁，有利于减轻人口资源压力，实现生态环境保护和扶贫的双重目标。同时，在整村或整乡搬迁地区，搬迁以后的土地被转化为生态建设用地，用于环境保护；在非整村或整乡搬迁地区，人口的搬迁缓解了原有的环境压力，增加了原住地居民可利用的资源；在生态脆弱的贫困地区，生态扶贫搬迁对于迁出区的环境改善有着不可替代的作用。易地搬迁是"五个一批"精准脱贫的重要内容，是国家发出脱贫攻坚战总动员后的第一仗，也是我国打赢脱贫攻坚战的重要内容。《中共中央国务院关于打赢脱贫攻坚战的决定》第七条就提出"实施易地搬迁脱贫"，"对居住在生存条件恶劣、生态环境脆弱、自然灾害频发等地区的农村贫困人口，加快实施易地扶贫搬迁工程。"国家发改委、国务院扶贫办会同财政部、国土资源部、中国人民银行五部门联合印发的《"十三五"时期易地扶贫搬迁工作方案》，明确了"十三五"时期易地扶贫搬迁对象主要是居住在深山、石山、高寒、荒漠化、地方病多发等生存环境差、不具备基本发展条件，以及生态环境脆弱、限制或禁止开发地区的农村建档立卡贫困人口。

二、易地扶贫搬迁实践

当下，中国易地扶贫搬迁的最重要的政策依据是《全国"十三五"易地扶贫搬迁规划》(以下简称《规划》)，《规划》非常明确地规定了易地扶贫搬迁方式适用的贫困人口范围、扶持标准、资金安排、后续生产发展方面的支持以及工作机制和保障等。和过去的易地扶贫搬迁政策相比，新的政策规划在很多方面有了创新，从而保证易地扶贫搬迁工作的顺利开展。

（一）易地扶贫搬迁政策对象和范围

长期以来，易地扶贫搬迁政策规定的搬迁对象是生活在自然条件差、生存环境恶劣、缺乏基本的生产生活条件，进行大规模的基础设施和公共服务供给建设成本非常高的区域的贫困人口，在"十一五"和"十二五"期间，搬迁对象扩大至生态环境脆弱地区、地质灾害频发和地方病严重地区的贫困人口。"十三五"期间，搬迁对象范围进一步扩大。《规划》中提出了需要进行易地搬迁的四类地方：①深山石山、边远高寒、荒漠化和水土流失严重，且水土、光热条件难以满足日常生活生产需要，不具备基本发展条件的地区。②国家主体功能区规划中的禁止开发区或限制开发区。③交通、水利、电力、通信等基础设施，以及教育、医疗卫生等基本公共服务设施十分薄弱，工程措施解决难度大、建设和运行成本高的地区。④地方病严重、地质灾害频发，以及其他确需实施易地扶贫搬迁的地区。并且明确提出不仅要搬迁生活在这些地区的981万建档立卡贫困人口，还要搬迁出647万生活在这些区域但不属于建档立卡贫困人口的同步搬迁人口，合计搬迁规模为1628万人。根据《规划》，易地扶贫搬迁政策所惠及的贫困人口分布在全国22个省（自治区、直辖市）约1400个县（市、区），其中西部地区搬迁规模将达到1087万人，占搬迁总人数的66.77%；生活在片区县和国家级重点县的搬迁人口占到总搬迁人数的70%。这说明易地扶贫搬迁的重点是西部地区和贫困县。

表4-1　"十三五"期间易地扶贫搬迁对象的分布

	按分布区域			按建档立卡与否		按不同类型县		
	西部	中部	东部	建档立卡贫困人口	同步搬迁人口	片区县和国家重点县	省级重点县	其他区县
数量（万人）	1087	440	101	981	647	–	–	–
比重	66.77%	27.03%	6.20%	60.26%	39.74%	72%	12%	16%

资料来源：《全国"十三五"易地扶贫搬迁规划》

从搬迁原因来看，资源承载力严重不足，原是长期以来易地扶贫搬迁最主要的原因，现在仍然是易地搬迁的一个重要原因；但是公共服务严重滞后且建设成本过高已经超过资源承载力不足，从而成为移民搬迁的最主要原因。由于国家禁止或限制开发地区以及地质灾害频发易发等原因需要搬迁的人口数量所占的比重也非常可观，移民搬迁原因和搬迁规模结构的变化说明易地扶贫搬迁政策的功能和目标在发生变化，从单一的扶贫目标扩展到生态环境保护、提高公共服务供给水平等多功能。

表4-2 "十三五"期间易地搬迁的主要原因

搬迁原因	建档立卡搬迁人口		同步搬迁人口		全部搬迁人口	
	数量（万人）	比重	数量（万人）	比重	数量（万人）	比重
资源承载力严重不足地区	316	32.21%	146	22.57%	462	28.38%
公共服务严重滞后且建设成本过高地区	340	34.66%	253	39.10%	593	36.43%
地质灾害频发易发地区	106	10.81%	104	16.07%	210	12.90%
国家禁止或限制开发地区	157	16.00%	100	15.46%	257	15.79%
地方病高发地区	8	0.82%	5	0.77%	13	0.80%
其他地区	54	5.50%	39	6.03%	93	5.71%
合计	981	100.00%	647	100.00%	1628	100.00%

资料来源：《全国"十三五"易地扶贫搬迁规划》

《全国"十三五"易地扶贫搬迁规划》中提出了"应搬尽搬"的原则，也就是说只要符合搬迁条件的农户都会给予政策扶持，组织搬迁，这是一个非常大的政策调整，解决了长期以来困扰易地扶贫搬迁政策中"移富不移穷"的顽疾。过去，由于总投入规模的限制，各地执行易地扶贫搬迁政策时受制于搬迁指标的限制，很多希望搬迁的农户得不到搬迁机会。如在 2003—2005 年期间，江西省遂川县按照当地的移民条件，全县需要移民搬迁的大约有 4 万人，而搬迁的指标 2003 年为 4000 人、2004 年为 2500 人、2005 年为 4000 人，还有很多符合条件的农户需要移民，但被拒于有限的指标之外。在遂川县某镇，2005 年获得的搬迁指标为 500 人，而报名的有 900 多人。为了减少报名人数，并确保获得搬迁指标的农户一定能搬迁，镇里要求报名的农户需交 5000 元押金，规定时间内交上，否则不列为移民户。易地扶贫搬迁指标成为一种稀缺资源，又没有明确的排除富裕农户受益的政策保证，贫困农户和富裕农户竞争稀缺资源，很显然就会处于弱势地位。笔者做过的一项研究发现，在部分地区，搬迁的农户中只有 10% 是贫困农户，52% 是富裕农户，38% 是中等农户。一些地区的调查也发现移民搬迁前的人均收入水平要高出原居地未搬迁农户人均收入水平 100 多元。

（二）易地扶贫搬迁的安置方式

目前，中国易地扶贫搬迁的安置方式分为集中安置和分散安置两大类，以集中安置为主，大约 1244 万人，占 76.4%；分散安置约 384 万人，占 23.6%。集中安置是指政府修建开发基地安置移民，具体又分为几种：第一种，行政村内就近安置。依托靠近交通要道的中心村或交通条件较好的行政村，引导搬迁对象就近集中安置，占集中安置人口的 39%。如宁夏回族自治区盐池县曾记畔村，该村农户居住非常分散，部分农户居住在山大沟深的地方，村庄道路建设和饮用水供应基础设施投入非常大，该村将村庄集体土地进行调整，重新在行政主村周围给农户划拨宅基地，将农户集中安置，从而节约基础设施建设投入。第二种，建设移民新村安置。依托新开垦或调整使用耕地，在周边县、乡镇或行政村规划建设移民新村集中安置，占集中安置人口的15%。如宁夏回族自治区盐池县冯记沟村，该村原来居住地由于地处矿区，煤矿开采以后导致了宅基地塌陷严重，当地政府将该村纳入到易地搬迁计划，在距离原村庄3公里的地方建设了一个移民新村，将该村的200户农户全部搬迁到此处，该移民新村道路基础设施完善，房屋规划整齐，并且配置路灯、体育健身器材等公共服务设施。

行政村内就近安置和建设移民新村安置两种方式，主要解决的是贫困农户的住房、基础设施和公共服务可及性的问题，农户的农业生产用地没有变化和调整，这样的安置方式不会带来土地资源重新分配的矛盾，也不会有生计方式的急剧变迁和搬迁地原居民之间的矛盾和冲突。这两种安置方式引发的移民后续生产、社会适应和融合问题最小，但是适于这种安置方式的前提是当地的自然条件和交通等社会条件相对较好。

集中安置的第三种方式是小城镇、工业园区安置或者旅游区安置等。依托新型城镇化建设，在县城、小城镇或工业园区或者当地旅游、民俗文化等特色资源打造的乡村旅游重点村镇或旅游景区附近建设安置区集中安置，占集中安置人口的42%。随着乡村旅游的兴起，依托旅游资源进行易地扶贫搬迁的方式也日益增多。如重庆市武隆县白马镇依托当地天池旅游资源，将附近三个村进行易地扶贫搬迁，集中规划和设计，提供风貌建设资金扶持，改造农户住房，发展乡村旅游。双河镇则依托当地高山避暑资源，提供资金，支持农户搬迁到交通便利的地方盖房，吸引重庆等周边地区的老年人和学生来此进行避暑度假。这种模式的安置往往需要市场经营主体的介入，尤其是企业的介入，像工业园区安置、小城镇安置等。这种安置模式往往是农户远离原有的生活区域，农业生产由于耕地距离遥远或者不适于继续生产而受到影响，生计方式更加依赖非农就业，能否有长期稳定的收入来源决定着这部分易地搬迁农户生活是否能够持续改善；并且这部分移民生计方式和居住方式的变化比较显著，社会适应和融合过程相对要更长。

集中安置的第四种模式是针对特困人员、残疾人等符合集中供养条件的搬迁对象，通过纳入迁入地供养机构或建设专门住房实行集中安置，占集中安置人口的4%。如江西省修水县黄溪村在中心村所在地集中修建了20套房屋，将分散在各个自然村的低保户、五保户、五保边缘户等农户进行集中安置。在前面提到的冯记沟村移民新村旁边，当地政府也集中修建了31套住房，将冯记沟乡的31户无依无靠的贫困户集中安置。这种安置模式通常住房面积相对较小，在40—50平方米左右，房屋产权归村集体所有，特困农户可以免费居住；因入住的大部分是老年人，在一定程度上也解决了农村孤寡老人的养老问题。这种模式也是对于之前易地扶贫搬迁只能扶持有一定经济发展能力的贫困户，从而排斥没有发展能力的贫困户的一种回应，使得扶贫资源能够惠及更多穷人。

易地扶贫搬迁的第二类安置方式是分散安置。分散安置的第一种方式是依托安置区已有公共设施、空置房屋等资源，由当地政府采取回购空置房屋、配置耕地等方式进行安置；占分散安置人口的70%。分散安置的方式还包括自主选择进城务工、投亲靠友等方式进行安置，占分散安置人口的30%。安置方式的多元化实际上给地方能够更好地根据当地的资源禀赋、自然条件、经济社会发展程度和生活习惯来制定因地制宜的易地扶贫搬迁方案提供了可操作的政策空间，这样也给不同类型的贫困农户选择自己能够承担的安置方式提供了政策许可，从而能够降低易地扶贫搬迁对贫困人口的排斥性，提高易地扶贫搬迁的扶贫效果。

（三）易地扶贫搬迁的补贴标准

过去易地扶贫搬迁过程中出现的"扶富不扶贫"的一个非常重要原因，就是搬迁直接补贴给农户的资金非常有限，贫困农户"搬不起"。为了改变这种情况，做到"应搬尽搬"，避免贫困农户"搬不起""举债搬迁"等现象，"十三五"期间，易地扶贫搬迁在资金投入上进行了调整：第一，中央预算资金直接用于贫困农户的建房补助，不再用于其他建设资金，建房补助按照区域实行差异化补助标准，具体为：①东中部 10 省区市人均 7000 元（河北、山西、吉林、安徽、福建、江西、山东、河南、湖北、湖南）；②西部 9 省区市人均 8000 元（内蒙古、广西、重庆、贵州、陕西、宁夏和四川、云南、甘肃三省非藏区）；③新疆、西藏、青海和四川、云南、甘肃三省区藏区人均 10000 元。并且还允许各省区市根据区域建房成本等因素来额外安排建房补助资金。第二，扩大资金来源，安排了地方债、专项建设资金、低成本长期贷款等多种资金渠道来保证易地扶贫搬迁的各项资金，尤其是虽然建房补助标准提高已经降低了农户的建房负担，但为了确保贫困农户的建房投入，国家开发银行和中国农业发展银行提供了为期 20 年的低息超长贷款来为农户建房提供金融资金的支持。云南省西双版纳州勐腊县少数民族村寨的易地搬迁项目，由于大部分少数民族村寨地理位置偏远、交通不便、物流成本高，房屋建筑成本要高于内地其他地区，虽然当地政府已经提供了户均 4 万元建房补助，但实际建房成本大约为 10 万元。当地通过农业发展银行为农户提供了 6 万元的长期低息贷款，解决了当地农户的建房负担。

多种融资渠道并行，按照规划的预算，"十三五"期间资金投入总量为 9463 亿元，农户自筹资金仅为 898 亿元，只占移民搬迁总成本的 9.49%。一些地方群众自筹资金的比例更低，如广西田东县 2015 年易地扶贫搬迁资金总投入为 1.9 亿元，搬迁群众自筹资金仅为 0.336 亿元，农户自筹资金仅占到资金总量的 1.75%。一些省份为了彻底解决移民搬迁的成本负担，将本来要求农户配套的资金都由当地政府筹集资金解决，如河南省取消了本来需要农户配套的 3000 元资金，由当地财政统一支付。

表 4-3　部分省（自治区）的易地扶贫搬迁农户补助标准

	补助标准
甘肃	1. 建档立卡户：①中央预算内资金补助：甘南、天祝县人均 10000 元；其他地区人均 8000 元。②地方政府债券人均补助 9740 元。③专项建设基金人均补助 5000 元。2. 非建档立卡户：按 5000 元省级标准补助。
四川	高原藏区按人均 10000 元标准；其他地区按人均 8000 元标准。
云南	省级筹措资金：贫困农户每户补助 4 万元，非贫困农户每户补助 1.2 万元；每户享受政策性金融贷款 6 万元，前 3 年由政府给予贴息支持。
宁夏	①县内就近安置：人均建房补助投资 2.4 万元。②劳务移民住房：人均补助投资 4.7 万元。③农村分散安置：人均建房补助投资 3.7 万元。④小规模开发土地安置：人均建房补助投资 3.2 万元。
江西	建档立卡贫困人口每人补助 8000 元，同步搬迁的移民人口每人补助 6000 元。
湖南	建档立卡贫困人口住房建设最低补助标准为 800 元/㎡。
安徽	1. 建档立卡贫困人口住房建设人均补助 20000 元，资金来源包括：①中央预算内投资人均 7000 元；②省级财政安排的地方债人均近 10000 元；③其余的人均 3000 元，由各县（市、区）政府在专项建设基金中安排。2. 非建档立卡户住房建设人均补助 6000 元，资金来源：省、市、县政府按照 2∶5∶3 的比例解决。
陕西	1. 集中安置按每户 15 万元标准。其中建房补助资金按每户 7 万元，配套设施资金按每户 4 万元，由县级统筹安排使用；宅基地腾退复垦的按每户 1 万元，产业扶持资金按每户 3 万元标准安排资金。2. 分散安置按每户 8 万元标准。其中建房补助 4 万元，产业扶持 3 万元，宅基地腾退复垦 1 万元。

	补助标准
山西	1. 建档立卡户：①集中安置建房人均补助 2.5 万元，配套基础设施户均补助 2.1 万元，配套公共服务设施户均补助 1.77 万元；②分散安置建房人均补助 2 万元。2. 同步搬迁人口人均补助 1.2 万元。
山东	1. 建档立卡户：中央财政补贴人均 7000 元，省财政补贴人均 18000 元；2. 同步搬迁户：省级财政补贴 9000 元。
福建	省级补助标准：建档立卡户人均 10000 元，同步搬迁户 3000 元。

资料来源：笔者根据各省区公布的资料汇总

从部分省（自治区）公布的易地扶贫搬迁规划来看，省级和地方财政在易地扶贫搬迁方面的资金配套是非常到位的。如甘肃省对于建档立卡的贫困人口通过省级筹资融资提供人均 14740 元的补助；云南省给每户补助资金 40000 元，并提供政策性金融贷款 60000 元；安徽省按人均补助 20000 元对贫困户进行扶持；山东省按照人均 25000 元进行补贴；福建省则从省级经费给贫困人口提供人均 10000 元补助。陕西省和山西省的补贴范围不仅包括建房补助，同时还提供了配套设施以及产业扶持等方面的补贴。以陕西省为例，集中安置农户的补贴标准为每户 15 万元，其中建房补助资金按每户 7 万元，配套设施资金按每户 4 万元，由县级统筹安排使用；宅基地腾退复垦的按每户 1 万元，产业扶持资金按每户 3 万元标准安排资金。分散安置按每户 8 万元标准筹措。其中建房补助 4 万元，产业扶持 3 万元，宅基地腾退复垦 1 万元。补助标准的提高大大提升了贫困农户的搬迁意愿，降低了贫困农户的搬迁成本，为农户搬迁后的后续发展创造了有利的条件。如陕西省陇西县，在 2016 年实施易地扶贫搬迁项目中，全县 40 平方米以下的住房，群众自筹资金基本控制在 4000 元以下，60 平方米的控制在 6000 元以下，80 平方米以上的严格控制在 1 万元以内。

（四）易地扶贫搬迁后续扶持政策

贫困人口搬迁后续生计发展是关系到贫困人口是否能够在搬迁地安心生活以及维持一定生活水平的关键。在之前的易地扶贫搬迁规划中都没有有关后续扶持政策的明确规定，而在当前的易地扶贫搬迁规划中则将农户的后续扶持放在了非常重要的位置，提出了"发展特色农林业脱贫一批、发展劳务经济脱贫一批、发展现代服务业脱贫一批、资产收益扶贫脱贫一批和社会保障兜底脱贫一批"等"五个一批"的后续扶持政策安排。

从政策来看，发展特色农林业扶贫主要针对的是就近集中安置和建设移民新村集中安置的建档立卡搬迁人口，主要扶持方式包括补贴补助、技能培训、技术服务、信息发布和示范带动等，培育农场主、农业合作社、种养大户等新型农业经营主体。目前，这种扶持方式比较普遍，各地采用的主要做法延续了产业扶贫的方式，主要模式包括"龙头企业＋农户""合作社＋农户""产业基地＋农户"等方式。在产业扶持中，为了改变过去公司、企业将发展产业面临的市场风险转嫁给贫困农户，在此次的产业扶持中，政府要求龙头企业、合作社或者产业基地等市场经营主体要对贫困农户提供"兜底"补贴。"兜底"补贴资金部分来源于财政扶贫资金中的产业扶贫资金，通过市场经营主体发放给农户，如果市场经营主体的经营效果好，农户可以获得财政补贴资金外的额外收益。一些地方采取入股分红的方式来降低贫困户分散经营的市场风险，提高农户的股权收益。如湖北省房县土城村成立黄酒专业合作社，采取"公司＋合作社＋农户"模式与庐陵王酒庄合作，将扶贫产业扶持和搬迁户贴息贷款资金入股市场主体，获取保底分红加利润提成收益，吸纳 103 户贫困户入社、58 户入股。2015年合作社获得红利 20 万元，股民分红 12 万元，贫困户最高分红 4240元，加上企业收益分红，最高获利 1 万余元。一些地区将扶贫资金直接投资给龙头企业，然后让龙头企业为贫困农户提供可以直接经营的农业产业，通过经营来获取收益。如湖北省谷城县花园村依托茶产业优势，由紫金镇龙头企业汉家刘氏茶业有限公司为每个贫困户提供标准化茶园 5 亩，通过茶地入股、劳动力入股、技术入股等方式获取收益或参与分红，人均年产茶收入 3000 元。紫金镇孙家沟村安置点大型茶叶基地为每户提供 10 亩茶园，每亩茶园年收入可达到 3000 元，每户年收入可达到 3 万元。还有一些地区则通过支持当地农业龙头企业，提供劳动就业机会增加贫困农户的务工收入。如丹江口市习家店镇茯苓村集中安置点引进湖北北斗星生态农林开发有限公司租地 3000 亩建设农博园，已累计向贫困户发放用工费 98 万元，帮助贫困户年增收8000 元以上，带动茯苓、马家院、陈家湾 3 个村 200 余户 600 余贫困群众脱贫。从政策和实践来看，过去的产业扶持只是单一提供产业发展补贴的方式，忽视了贫困农户在市场经济中可能遇到的风险，此轮易地扶贫搬迁则通过创新产业扶持方式，通过推行"公司＋基地＋合作社＋搬迁户"的产业发展模式，鼓励搬迁农户以土地经营权、生产工具、农业设施、扶贫到户资金等参股到新型经营主体或产业项目，创新"土地流转得租金、资产入股得股金、基地务工得薪金、委托经营得酬金、超产提成得奖金、订单种植得售金"等多种收入方式。

发展劳务经济扶贫主要指依托工业园区、产业基地、小城镇、旅游景区、乡村旅游等途径安置建档立卡人口，通过培训等方式，为搬迁人口提供非农就业机会。这一点在贵州省表现得尤为突出。贵州省惠水县的移民搬迁安置点建在了当地的经济开发区，244家企业2016年开发提供就业岗位1406个，到2018年开发提供8000个岗位。贵州省务川县提出了"工业园区企业就业一批"，提供700个就业岗位，吸纳搬迁户劳动力就业人数占用工总数10%以上，且与搬迁户劳动力签订1年以上劳动合同的家具、服装、电子、食品加工、饲料加工等行业的园区企业，给予相应政策扶持，保障搬迁户劳动力就业。湖北省谷城县依托谷城经济开发区、石花经济开发区及各乡镇工业园区，安排180户200人在企业就业，按当地平均收入水平，一年可为搬迁户增收近300万元。一些地方为了促进搬迁农户的就业，通过"雨露计划"对搬迁农户进行职业技能培训，提高其人力资源发展水平。

表4-4 易地扶贫搬迁后续扶持政策一览

扶持政策类型	主要针对人群	主要扶持方式
发展特色农林业扶贫	行政村内就近集中安置和建设移民新村集中安置的建档立卡搬迁人口	补贴补助、技能培训、技术服务、信息发布、示范带动，培育新型农林经营主体、开发护林员岗位
发展劳务经济扶贫	依托工业园区、产业基地、小城镇、旅游景区、乡村旅游区安置的建档立卡搬迁人口	劳务输出培训、支持本地企业优先吸纳建档立卡搬迁人口就业，政府补助资金支持的工程建设项目优先使用本地建档立卡搬迁人口务工
发展现代服务业扶贫	各类建档立卡搬迁人口	"互联网＋"电商扶贫培训、旅游服务行业就业
资产收益扶贫	各类建档立卡搬迁人口	水电、矿产资源开发占用集体土地，赋予集体股权，农户的农村土地承包经营权、林权、宅基地使用权、大型农机具等折价入股专业合作社和龙头企业；盘活农村集体资产，量化到农户
社会保障兜底扶贫	符合最低生活保障制度的搬迁人口	纳入城乡最低生活保障制度保障范围，并享受相应的医疗保险和养老保险等保障政策

发展现代服务业扶贫的主要方式包括通过"互联网＋"技术发展电商扶贫，当地政府部门提供公共服务就业机会，以及旅游服务业吸纳就业等方式。政府部门提供公共服务岗位扶贫，是一种比较新的扶贫方式。如贵州省务川县实施的"购买服务项目就业一批"，提供300个就业岗位，将城区环境卫生、园林绿化、政府后勤服务，以及社区服务、公益服务、医院护工等公共服务纳入购买服务项目，对搬迁户中责任心强的"4050"人员，优先吸纳就近就业，增加搬迁农户的收入。

资产收益扶贫是指将农户的土地承包经营权、林权、宅基地使用权、大型农机具等折价入股专业合作社和龙头企业。资产收益扶贫打破了过去扶贫的"一次性"支持的框框，使得农民手中的资源转化成资产，扶贫效果更持久。以贵州省水城县野玉海千户彝寨易地扶贫安置点为例，该项目共涉及1006户，占地23万平方米，野玉海管委会把"三变"改革模式引入安置点建设，通过盘活农村资源性资产和经营性资产，整合景区各种资源要素，将建房补助资金与各级财政投入到农村的发展类、扶持类资金及补贴结合起来，在不改变资金使用性质和用途的前提下，由农户将上级补助的易地扶贫搬迁资金作为股金，与野玉海管委会入股建设，按照山地旅游度假房来打造，建成后产权归农户所有，由农户居住、经营，管委会统一管理，经营收益按照投资比例分成，待管委会收回投资成本后，经营收益按照管委会占30%、农户占70%的比例进行分红。资产收益扶贫中还有一种方式是光伏扶贫，当地政府扶持农户建设小型光伏发电系统，电力公司每年向农户提供补贴。如宁夏回族自治区盐池县冯记沟村移民新村，每户移民的庭院内都安装了一套光伏发电系统，电力公司每年向每户农户提供

3000 元的补贴。

（五）易地扶贫搬迁中多部门共同参与

易地扶贫搬迁是一项系统工程，涉及不同的地域，也涉及政府的农业、扶贫、财政、水利、电力、交通、教育、粮食、户籍等不同职能部门，需要各部门的共同参与和相互配合才能够完成。从政策实践来看，各地基本上都成立了移民工作领导小组来负责统筹指挥易地扶贫搬迁工作，该领导小组以发改局、扶贫办和财政局为牵头单位，分别负责移民规划编制、搬迁对象审核以及扶贫资金拨付和配套等具体职责，统筹辖区内的易地扶贫搬迁工作，而其他相关职能部门各司其职，解决易地扶贫搬迁中出现的各种问题。部门合作是易地扶贫搬迁工作得以顺利实施的重要机制性保障。以广西壮族自治区田东县为例，共有 24 个政府职能部门和公司参与到易地扶贫搬迁工作中。

表4-5 广西田东县易地扶贫搬迁中各部门的职责

机构	主要职责	机构	主要职责
县发改局	争取中央专项搬迁资金，编制总体规划及年度实施方案，协调和推进实施	县民政局	保障移民基本生活、养老服务等民政工作
县扶贫办	审核建档立卡搬迁对象，争取中央专项扶贫资金，协调安置后产业发展工作	县粮食局	保障粮食供应
县财政局	争取地方扶贫配套资金，资金整合、拨付与监管	县卫生局、计生局	完善安置点公共卫生服务体系、基层医疗卫生服务体系、新农合制度
县国土资源局	评估移民安置点地质灾害危险性，统筹安置用地需求，制定宅基地退出政策，试点宅基地复垦、土地整治等内容	县公安局	维护移民区社会稳定、消防安全，负责移民户籍登记管理

机构	主要职责	机构	主要职责
县住建局	规划安置点住房及基础设施建设，整合危房改造资金	县司法局	相关法律法规宣传教育，调解矛盾纠纷，实施法律援助
县交通运输局	争取安置点道路建设资金，推进安置点道路建设	县审计局	移民建设项目预算和决算，审计监督规范资金使用
县环保局	指导规划选址和环评工作，争取环境整治资金，负责安置点环境综合治理	县房改办	整合公租房、棚户区改造、经适房资金
县农业局	在安置点发展特色产业，引导移民增收	县文体局	实施安置点农家书屋项目
县林业局	为安置点争取生态乡村建设项目，实施迁出区生态修复，发展移民区林业产业，发展移民区绿化和生态能源	广电网络公司	广播电视基础设施建设
县水利局	为安置点争取农村饮水项目，支持和推进饮水及水利设施建设	供电公司	电力基础设施建设，保障用电需求
县广电局	相关政策与实践亮点宣传	农商行	提供贴息贷款，实施金融扶贫
县人社局	开展移民职业培训、创业培训，提供创业小额担保贷款，提供就业岗位信息服务，负责移民社会保险工作	中国移动、中国联通、中国电信	通信设备基础设施建设

第二节　绿色产业扶贫理论及实践

一、绿色产业扶贫理论

绿色产业扶贫是绿色经济和可持续发展的重要形式，是人类追求文明和进步的必然要求，是国际社会推崇和不断探索的反贫困方式之一。在当今中国，绿色发展是践行生态文明建设、促进可持续发展的必然选择，是消除贫困、走向共同富裕的社会主义本质要求的创新之举。中国实施绿色发展战略，既是应对全球气候变化的明智之举，也是走向生态文明、实现美丽中国梦的必由之路。绿色发展模式下的中国发展道路，必将极大地提升中国梦的吸引力、凝聚力和感召力。绿色发展与扶贫开发有机结合，积极探索和推动绿色产业扶贫创新，是中国全面建成小康社会的重要途径，也是构建中国特色扶贫治理体系和治理能力现代化的重要内容。

从前面对绿色扶贫新理念内涵以及扶贫机理的分析可以看出，绿色产业扶贫新理念的主要特点是：

1.绿色产业扶贫是低碳扶贫方式。国内外扶贫实践证明，依靠"高消耗、高污染"的经济增长方式和产业扶贫模式，走"先污染后治理""先破坏后恢复"的传统经济发展模式和扶贫道路，是没有生命力的。消除贫困，改善民生，实现共同富裕，是社会主义的本质要求，绿色扶贫就是一种减少经济发展中的资源消耗和环境污染的低碳式扶贫方式。

2.绿色产业扶贫更加注重以人为本的多维扶贫理念。实践证明，扶贫是一种全面性扶贫，不仅仅是收入性扶贫，而绿色产业扶贫不仅在经济方面提升贫困人口的生活水平，还在教育、健康、饮用水、住房、卫生设施等多个方面对贫困人口的生活进行改善，予以帮扶。从多维度对贫困人群进行测量评定和帮扶，体现了扶贫对人类发展和人类需求的全面关注，不但包括了贫困人口收入水平的提高，而且也包括了贫困人口的生计能力、发展能力以及获得与其他人群的平等权利、均等机会和同等的结果。因此，"绿色"就包含了绿色的权利、绿色的机会、绿色的多维需求的同时满足，可见，绿色产业扶贫有利于实现提高人的能力、拓展人的自由这一反贫困的真正目的，是真正以人为本的扶贫方式。

3.绿色产业扶贫是一种可持续扶贫。绿色产业扶贫是在保护环境的条件下既满足当代人的需求，又不损害后代人需求的发展模式。它从以下四个方面诠释了可持续发展的理念：首先，它突出了发展的主题。绿色产业扶贫不是单纯地强调经济增长，而是一种扶贫与社会、环境等多项要素结合的发展方式。其次，它强调了发展可持续性。人类的经济和社会的发展不能超越资源和环境的承载能力，绿色扶贫正是基于这样的发展理念，要求经济发展必须在资源和环境的承载力范围之内。再次，绿色产业扶贫体现了人与人关系的公平性。当代人在发展与消费时应努力做到使后代人有同样的发展机会，同一代人中一部分人的发展不应当损害另一部分人的利益。最后，绿色产业扶贫还体现了人与自然的和谐共生，促进了人与自然的和谐，实现经济发展和人口、资源相协调，坚持走生产发展、生活富裕、生态良好的文明发展道路，保证一代接一代地永续发展。从一味强调 GDP 增长而忽视环境保护，到现在选择绿色产业扶贫这一可持续发展的方式，不仅能够改善和提高人类生活质量，也是树立起一种新的发展观和文明观。

4. 绿色产业扶贫是中国扶贫方式的升华，是开发式扶贫的深化和提升。主要表现在：①绿色产业扶贫是在开发扶贫基础上的升华。改革开放后，我国扶贫开发创新探索了像开发式扶贫、参与式扶贫、产业化扶贫等多种扶贫模式，绿色产业扶贫集中的特色就是剔除了开发式扶贫中的高消耗、高污染、高投资的弊端带来的隐患。②从扶贫开发"输血"变"造血"功能，升华到"造好血"大转换。开发式扶贫的最大功效就在于变单纯的"输血"功能为"造血"功能，激发贫困人口内源动力和积极性，通过主体参与意识增强，激发自身的内在动力机制。而绿色产业扶贫则是将"造血"功能机制一步提升到"造好血"新阶段。"造好血"无论从"造血"的功能、力量、纯洁度、健康程度等哪一方面看，都是一项新的大变革。

综上所述，绿色产业扶贫的本质和核心是坚持以人为本，也是转变发展观念及发展模式、提高发展质量的扶贫理念创新。尽管存在着制度、文化、区域和经济发展程度等差异，但经济社会发展的实践证明，绿色发展和"绿色产业扶贫"已成为现在和未来世界各国发展战略趋势和潮流，成为国际合作交流的重要共识和热点。适应中国绿色发展和我国生态文明建设的需要，构建中国扶贫新战略即"绿色产业扶贫战略"也成为我国新时期扶贫开发的重要议题，也是集中连片特困地区区域发展与脱贫攻坚的重要理念。从国家全面建成小康社会的目标和实现发展方式战略性转变的实践和部署来看，绿色扶贫战略的构建和实施是大势所趋。

二、绿色产业扶贫实践

（一）绿色产业扶贫模式

我国正式启动农村扶贫开发进程以来，产业扶贫的形式和内容不断发展创新，产生了高效设施农业、生态农业、功能农业等新兴农业产业形式以及乡村旅游、消费农业等新型服务产业形态，旨在充分挖掘本地资源，实现农业高附加值产出，引导贫困人口参与产业价值链各个环节，实现脱贫致富。目前，扶贫领域的生态产业开发政策包括了生态农业、旅游扶贫、生态种养业、经济林产业、林下经济、森林草原旅游、休闲农业等方面的政策，以实现生态资源开发、环境保护以及农民增收的多重目的。

（二）绿色产业扶贫实践效果

1. 绿色产业减贫使减贫的路径和方式发生了新变化

发展方式的转变不仅重构了减贫的动力机制，也改变了减贫的路径和方式，使得贫困人口的收入来源、生活方式、就业方式都发生了新变化，并将影响着减贫的效率和效果。

（1）收入来源变化

由于绿色产业减贫，过去所依靠的收入来源结构就会随之发生变化。例如：青海省玉树地区农牧民的收入来源原来主要以传统畜牧业、挖矿和采集虫草为主。但由于这些产业对自然环境依赖程度高且对生态破坏严重，加上灾害频发，农牧民收入极其不稳定，生活水平每况愈下。随着发展方式的转变，生态建设逐步改变了农牧民传统的游牧生产方式，通过实施生态移民工程，配合退牧还草、建设养畜等措施，提高草地生产性能，逐步实现集约化畜牧生产，农牧民的收入来源发生了新的变化，增加了国家生态移民的补助、生态补偿项目收入、国家在生态畜牧业建设方面的资助，还有新型的产业收入、打工收入等。

（2）扶贫减贫的重点发生转变和调整

长期以来，农牧民以散居为主，游牧是他们的主要生活生产方式。草场退化、基础设施建设落后、交通闭塞、教育落后、看病困难、水电缺乏等使他们陷入了收入、健康、教育、生态等多元贫困，且多元之间相互掣肘。随着发展方式的转变，通过生态移民的定居工程逐步引导农牧民从游牧散居向集中定居转变，并通过基础设施的建设推进这些地区的城镇化进程，不断影响农牧民的生活方式。此时，如何在城镇化定居后，解决他们就医难、上学难等问题，如何不断接受新的思想观念，并激发他们自主发展的积极性，在生活方式转变的同时缓解并最终解决多元性贫困，这些就成为亟待考虑和解决的问题。与此同时，贫困人口生活方式的转变将改变他们自给自足的消费习惯，增加消费性支出。如何使他们能适应新的生活方式，同样也是减贫工作的重要方面。

（3）就业方式逐步多样化

绿色减贫发展模式积极倡导和引领发展生态农牧业，通过农畜产品深加工提高其附加值。随着农牧业的分工不断细化，就业渠道不断扩宽，其他类似产业化扶贫项目亦结合贫困人口的基本情况提供了就业机会。与此同时，发展方式的转变促进了第三产业的发展。第三产业分布范围广、就业门槛低、吸纳劳动力多，能为贫困人口创造大量的就业机会。综上所述，发展方式的转变将通过细化农牧业分工、促进第三产业发展、引导农牧民进城来实现贫困人口就业方式的多样化，增加其就业机会，从而提高减贫效率。

2. 绿色产业扶贫的增速决定着减贫效率的提升

绿色产业扶贫引发了三大动力源泉的重构，即绿色产业发展成为产业发展的核心推力，国家制定和实施的包容性增长战略成为新拉力，自身能力建设成为绿色减贫动力实现的内在驱动力。三大内外动力转变，从而带动了贫困地区的三大变化，即收入来源的新变化、生活方式城镇化、就业方式多样化。最终实现贫困地区总体收入水平提高、教育资源配置加强、健康保障水平提升、生态环境改善，构建成新型多维扶贫新战略。这是一个绿色产业减贫与减贫动力机制和脱贫攻坚的总体框架图，是未来的目标。但是从短期来看，绿色产业减贫的快慢却影响着减贫效率的状况。由于发展方式的转变是一个系统的重构过程，所以很难实现每部分的协调发展，局部发展过慢将可能导致整个系统的失衡，并成为减贫的阻力。

第三节　旅游扶贫理论及实践

一、旅游扶贫理论

　　旅游扶贫作为一种有效的扶贫减贫方式，目的是使贫困人口在旅游扶贫中获益和增加发展机会。1999 年由英国国际发展局（DFID）提出有利于贫困人口发展的旅游战略（Pro-Poor Tourism Strategy），即"引导贫困人口净利益增长的旅游"，通过发展社区平台的旅游，为贫困人口提供不同层次和规模的发展机会。2002 年 8 月，世界旅游组织在南非约翰内斯堡召开关于可持续发展的峰会，在旅游有助于摆脱贫困的理念基础之上，明确提出"可持续旅游作为消除贫困的有力工具"概念，即"ST-EP"（Sustainable Tourism as An Effective Tool for Bliminating Poverty）。此概念通过可持续旅游发展规划和项目，促进根本性消除贫困、消除歧视，并在注重保护文化和自然生态环境的基础上，帮助贫困人口杜绝返贫的可能。虽然在国际社会范围内已形成这一发展理念，但在社会实践中如何操作仍是需要重点思考的新课题。

二、旅游扶贫实践

　　2013 年，中共中央办公厅、国务院办公厅印发《关于创新机制扎实推进农村扶贫开发工作的意见》，明确将旅游（尤其是乡村旅游）定义为农户脱贫致富的主要工具，并提出翔实、因地制宜的行动方案，同时也制定出明确的行动目标。2013 年 8 月，国家旅游局与国务院扶贫办共同出台《关于联合开展"旅游扶贫试验区"工作的指导意见》，进一步明确了利用国家级旅游扶贫试验区的示范带动作用，探索旅游扶贫新模式的创新路径及标准。2014 年，国家发展和改革委员会、国家旅游局、环境保护部、住房和城乡建设部、农业部、国家林业局、国务院扶贫办发出《关于实施乡村旅游富民工程推进旅游扶贫工作的通知》，将农民就业、农村增收与乡村旅游结合起来。2016 年 12 月，国务院印发《"十三五"旅游业发展规划》，明确提出"实施乡村旅游扶贫工程"。在此之前，农业部等 14 部门联合印发的《关于大力发展休闲农业的指导意见》提出通过发展休闲农业来推动农业和旅游供给侧结构性改革，促进农村一二三产业融合，最终实现农民就业增收和产业脱贫的目的。国家旅游局等 12 部门联合印发的《乡村旅游扶贫工程行动方案》明确提出乡村旅游扶贫八大行动，计划在"十三五"期间，力争通过发展乡村旅游带动全国 25 个省（区、市）2.26 万个建档立卡贫困村 230 万贫困户 747 万贫困人口实现脱贫。2017 年，中共中央、国务院印发《关于深入推进农业供给侧结构性改革加快培育农业农村发展新动能的若干意见》（简称"一号文件"），明确提出"田园综合体"的概念，紧密地将生态、旅游、扶贫融为一体，强调要建设"生产生活生态同步改善、一产二产三产深度融合的特色村镇"。以农民为本的农村发展理念得到强调，彰显了村庄主体性。同时，为实施生态旅游扶贫提供了具有较强操作性的载体。

（一）以点带面的实践推进策略

第一，建立国家旅游扶贫试验区。在 2000 年建立"国家旅游扶贫试验区"的基础上，经过 13 年的探索，国家旅游局与国务院扶贫办于 2013 年共同出台《关于联合开展"旅游扶贫试验区"工作的指导意见》，以实现探索旅游扶贫新模式、充分发挥示范带动作用的政策实践的目标预设。

第二，将乡村旅游作为战略实践载体。生态旅游的本质是社区旅游。如何在社区治理、社区团结与社区合作的基础上实现扶贫目标，使社区价值的增值分享不因贫富差距而走向不义，是整个生态旅游扶贫事业的关键所在，也是利用传统民族文化与生态智慧的契合点，推动乡村旅游在人类命运共同体建设和减贫使命担当方面的价值凸显。为此，国家旅游局等 12 个部委于 2016 年 8 月联合印发《乡村旅游扶贫工程行动方案》，明确提出开展乡村旅游扶贫的八大专项行动：

①乡村环境综合整治专项行动。

②旅游规划扶贫公益专项行动。

③乡村旅游"后备箱"和旅游电商推进专项行动。

④万企万村帮扶专项行动。

⑤百万乡村旅游创客专项行动。

⑥金融支持旅游扶贫专项行动。

⑦扶贫模式创新推广专项行动。

⑧旅游扶贫人才素质提升专项行动。

（二）以会议形式为推手，促进战略理念的扩散及落实

2015 年、2016 年，在安徽省黄山市和河北省张家口市分别召开乡村旅游与旅游扶贫会，将生态旅游扶贫理念及战略推到一个新高度。2015 年 8 月在安徽省黄山市召开的"全国乡村旅游提升与旅游扶贫推进大会"，提出"广泛动员各种力量推动乡村旅游发展，加大旅游扶贫

攻坚力度，创造新一轮乡村旅游与旅游扶贫工作高潮"行动计划，计划在未来五年带动 1200 万贫困人口脱贫。2016 年 8 月，在河北张家口市召开"第二届全国乡村旅游与旅游扶贫推进大会"，国家旅游局局长李金早指出："贫困地区旅游扶贫工作是一项具有全局性、综合性、战略性的工作。在过去一年工作推进中，乡村旅游已经成为旅游扶贫的主阵地，旅游扶贫已成为扶贫开发的生力军。"

2016 年 5 月 19 日，国务院总理李克强在首届世界旅游发展大会开幕式上致辞，指出，中国推出了一系列促进旅游业改革发展的政策措施，目的是把旅游业打造成国民经济的战略性支柱产业和人民群众更加满意的现代化服务业，以迎接正在兴起的大众旅游时代。在谈到中国发展旅游业的五大功能时，李克强总理这样表述其中的第三项："旅游业是实现扶贫脱贫的重要支柱。农村贫困人口脱贫是中国全面建成小康社会最艰巨的任务，也是必须实现的目标。中国贫困人口大多分布在老少边穷地区，那些地方发展工业、农业受到很多限制，而发展旅游业具有得天独厚的优势。很多地方依靠发展旅游业实现了脱贫。同时，旅游业也打开了一扇通往外部世界的大门，人们的视野开阔了，思想观念更新了，精神状态改变了，促进了社会文明进步。中国政府已提出一个目标，即未来五年内通过发展旅游业使 1200 万人脱贫。"

2014—2016 年的生态文明贵阳国际论坛，其主要分论坛"生态文明与反贫困"的主题均为"生态文明与减贫发展"，来自联合国、非洲等多个国际组织和国内的官员、学者、NGO 行动者、文化遗产研究者和文化遗产保护的政策制定者等参会嘉宾，就生态旅游扶贫的观点、见解进行广泛交流和对话。这样的交流平台，对国家战略的制定和实施产生相应的影响。

（三）与政策深度互动的战略实施

中国的生态旅游扶贫实践，遵循着"实验—实践—扩散"的路径，有层次地将生态旅游扶贫理念在全国范围内"由点及面"推广开来，以应对贫困地区自然环境差异性和民族文化多样性的挑战。以村庄为基本单位实施生态旅游扶贫战略，一方面，可消弭村庄传统文化保护与开发之间的张力。2017 年中央一号文件中提出的"田园综合体"概念，在消弭此两者之间张力方面是一个典型代表。另一方面，用国家力量介入村庄发展，调和市场经济背景下不平衡的利益分配问题，将由村庄传统文化产生的利益精准地落实到文化持有者手中，此乃精准扶贫内涵新的实践形式。生态旅游扶贫理念的不断成熟和完善，标志着中国在减贫方面将生态、文化、经济、社会、政治等融为一体的实践进入新的阶段。

（四）旅游扶贫成效

中国生态旅游扶贫实践中，针对贫困地区农村特别是西部地区农村空心化、原子化的现实，以及脱贫攻坚越来越难、返贫压力受宏观经济下行形势影响越来越大的困境，通过不断加强和完善的旅游扶贫试验区的政策实践与探索，地方政府与贫困社区将旅游扶贫与地方性经验与知识、农耕文化进行融合，在政府推动、多元社会参与及向社会专业组织购买服务等体制、机制的探索中，将旅游开发与社区建设、能力培育有机结合，逐渐走出了一条中国特色的生态旅游扶贫道路。国务院扶贫办与国家旅游局合作，启动贫困村旅游扶贫工程。资料显示，2014 年全国乡村旅游特色村超过 10 万个，接待的游客达到 12 亿人次，约占全国旅游接待总数的 1/3，乡村旅游的营业收入达到 3200 亿元，同比增长 15%，带动 3300 万农民受益。近年来，各地在旅游扶贫方面也加大力度，创新突破。

旅游扶贫在未来的绿色扶贫中将起到主导性作用。伴随着交通等基础设施的不断改善，山绿水清空气新鲜景观好的贫困地区，将是健康中国最理想之胜地，也是绿色发展和绿色减贫的重要模式之一，在不远的将来，也会成为走向小康和富裕的重要支撑。

第四节　生态保护扶贫路径及方法

生态保护扶贫是中国扶贫发展的新路子，是绿色发展理念在扶贫开发领域的一种体现，有双重内涵：从保守视角来看，扶贫开发要以生态保护为约束，绝对不能走先发展后治理的老路子；从积极视角来看，生态保护与扶贫开发要进一步融合，成为脱贫和发展的新动力。

一、中国生态扶贫基本路径——产业生态化扶贫路径

产业生态化是指在扶贫产业项目的设计、实施及考核监测等环节融入生态发展理念，注重生态资源的保护及限制，通过结构调整、技术升级、加强管理等方式提升产业的生态化水平，进而使得扶贫产业趋于健康、可持续发展。产业生态化要求可持续概念贯穿于企业的产品研发、设计、制造、销售、回收等一系列过程中。在此路径实施过程中，主要以贫困地区生态资源保护为侧重点，尤其对于生态较为脆弱的贫困地区，生态环境保护刻不容缓，旨在提高贫困地区的生态效率，为贫困地区打造一个健康良性的外部环境。同时，产业在生态化扶贫中也为贫困地区带来长期的经济效益，增强贫困地区的可持续扶贫潜力，对贫困地区未来的自身发展能力具有较为积极的影响。主要体现在以下几方面。

（一）生态资源理念扶贫

生态资源融合理念主要指在扶贫开发过程中注重对当地生态环境的包容性发展，提升当地政府、企业以及贫困人口自身的生态资源保护意识。一是在项目设计中注意考量贫困地区的生态环境承载能力，对于生态保护区要进行保守规划和开发，对于部分生态环境较为脆弱的贫困地区，尤其需在扶贫规划中充分融入生态环境保护因素，使生态环境保护成为扶贫开发考量的重要指标之一。二是在扶贫产业和项目实施过程中注重生态环境的保护和可持续发展。比如在农业扶贫产业中，注重化肥、农药等单位土地面积使用量的控制。在发展畜牧业时，充分考虑植被的生长周期和生态可恢复性。在生态休闲旅游产业发展中，注重生态环境与旅游产业的协同发展，推进生态环境长期发展；对于资源不可再生的贫困地区，严格按照标准控制生态资源的开发，制定严格考核体系，侧重推进有助于生态恢复的生态产业。进一步推进结构调整和升级，改变原始的传统开发模式，采取一些新型可再生资源以减缓生态资源的开发压力。

（二）生态补偿扶贫

对于生态补偿的概念，国内还未形成共识，目前主要有两种观点：一是以提供者为侧重点，仅对生态服务提供者进行补偿；二是奖惩并用，在对生态环境保护行为进行补偿的同时，也对生态环境的破坏行为进行干预并采取收费措施。一个地区的贫困不仅仅体现在贫困人口自身的贫困上，同样也体现在这个地区外部环境的贫瘠，主要指生态环境的脆弱性，目前中国有较多贫困地区生态环境破坏严重，因此扶贫和生态环境保护是同样重要的两大任务。更确切地说，生态环境的"扶贫"也是贫困人口扶贫中的一项重要内容。生态补偿是将生态环境保护与贫困人口扶贫完美结合的有效路径。根据政策，生态补偿主要包括以下几方面内容：一是从生态系统自身角度出发，对恢复或破坏生态环境系统所产生的费用进行补偿；二是通过各种渠道使生态环境产生的外部经济效益内部化；三是对一个区域或个人在生态环境保护方面所投入的真实成本和机会成本进行补偿；四是对一些具有显著生态价值的生态环境区域进行投入。由此可知，生态补偿扶贫主要通过以上途径向贫困地区或贫困人口倾斜，使生态环境在受到直接或间接保护的同时，促进贫困人口脱贫。同时，提升当地企业和个人关于生态环境可持续发展的意识。

具体来看，生态补偿扶贫主要通过下列形式对贫困人口进行扶持：第一类是以中央政府为主导的生态补偿扶贫机制，主要是政府实施生态补偿政策，通过对贫困人口进行一定经济补助达到扶贫效果。在我国最典型的也是扶贫力度和生态环境保护均较突出的政策，当属退耕还林政策。1999 年由四川、陕西、甘肃三省率先开展退耕还林试点后，2003 年中国正式实施退耕还林补助政策。对退耕还林的农户，国家按一定标准补偿粮食，保障农户的粮食来源。在 20 世纪 90 年代西部退耕还林还草的试点工作中，现金补助标准为每亩退耕地每年补助 20 元。2007 年在 20 元的基础上，再根据地区划分分别额外补助每亩 105 元（长江流域及南方地区）和 70 元（黄河流域及北方地区）。2016 年补助调整为退耕还林每亩补助 1500 元，退耕还草每亩补助 1000 元。第二类主要通过地方政府参与设立专项基金进行扶贫。比如农业部对沼气工程项目的补助基金、林业部对森林生态补偿基金等。第三类形式主要是依靠国际生态补偿机构进行合作扶贫。生态补偿在国际上发展时间较长，机制较完善，通过长期合作对贫困地区扶贫效果显著。

生态补偿对于中国生态系统保护以及贫困人口生活水平提高具有显著成效。

二、生态扶贫价值转化路径——生态产业化扶贫路径

生态产业化是指通过积极采用清洁生产技术，采用无害或低害的新工艺、新技术，大力降低原材料和能源消耗，实现少投入、高产出、低污染，尽可能把对环境污染物的排放消除在生产过程之中。生态扶贫通过可再生能源的合理利用，建立生态产业化的扶贫路径，实现生态资源与扶贫的双赢战略。

农业是与生态资源联系最为密切的产业。农业的发展内容、发展规模以及发展对象都直接与当地生态资源环境挂钩，特定的农产品对于其所在区域的生态资源及其空间分布有特定的要求，同时农产品的发展规模也直接以当地区域自然环境为前提。因此农业发展与生态资源环境之间存在较为密切的联系和交集，农业发展与生态资源环境的保护也促进生态农业的实现。对于贫困地区，农业生产是贫困人口赖以生存的主要产业，"靠山吃山，靠水吃水"自古以来指的就是依靠自然环境从事农业生产、维持生活的状态，要使贫困人口脱贫，首先就离不开农业生产，而要发展农业生产，更离不开对生态资源环境的考量。因此，"生态资源—农业—贫困人口"三者之间是相辅相成、协同发展的关系，生态农业扶贫结合生态资源环境与农业扶贫，无论从生态资源环境保护还是扶贫脱贫方面，都具有较高可行性。

（一）依靠不同地区生态资源环境禀赋发展相应农产品

"橘生淮南则为橘，生于淮北则为枳"。农产品同所在区域的温度、土地质量、空气、光照、海拔等自然条件关系密切。不同的自然环境

条件不仅会对农产品品种有具体要求，同时也会对同一种农产品的产量和质量有影响。农产品要达到高产值高质量，最基本的条件就是选取适合生长种植的地区环境。首先，生态扶贫根据不同地区的天然自然条件因地制宜，选取适合当地发展的农产品。如贵州省毕节市赫章县海拔较高，最高达到 1200 多米，适合于种植的农产品种类较少。因此，当地通过对海拔及气温、土质等因素的考量分析，选取种植较适合于高海拔地区生长的核桃树。近些年，核桃树种植产业成为赫章县收入的主要来源。同时，正是由于该地区的自然条件与其他地区相比，较适合于核桃树生长，因而当地核桃品质高，在市场上的竞争力较强，单位价格也比其他地区更高，具有逐渐形成赫章核桃品牌的发展潜力。

其次，在同一地区内，由于不同农产品生长特性，可以针对不同农作物的种植，以林地资源和森林生态环境为依托，在林业种植的间隙种植适合的林下作物或家禽养殖，相互配合发展林下种植业、养殖业、采集业等林下经济，在有效利用耕地的同时，对生态资源环境进行包容式发展，有效促进生态增长。林下经济具有周期短、见效快、投入少等特性，对增加林业附加值、拓宽农户生产路径、发展循环经济、推动生态发展等方面都具有重要意义。尤其对于耕地面积有限的贫困地区，可以有效提高单位面积产量，增加贫困人口单位耕地面积平均收入，达到贫困人口脱贫目标。同时，林下经济的发展可以有效促进贫困地区林业发展，实现林业与农业的有效融合，避免过度开垦耕地而减少林地面积的"顾此失彼"现象，真正达到生态扶贫效果。林下经济在发展过程中，还可以充分调动贫困人口对于种植的主导性和积极性，通过对不同质量耕地、不同林业类型、不同种植周期进行规划、调节从而达成合理的种植结构，提升贫困人口内部脱贫能力，提升贫困地区脱贫攻坚的自发性和主动性，增强内部扶贫"造血"能力。近年来，我国先后有不少贫困地区采取林下经济扶贫路径，并相继取得较明显的扶贫成效。

（二）调整农产品发展结构，提升农产品市场竞争优势

农产品的最终销售平台是在市场，市场需求是决定农产品生产结构的"风向标"。2017年中央一号文件中强调推进农业供给侧结构性改革，农产品也面临着"去库存"的问题。其根本原因就是农业生产与市场衔接得不准确，导致农产品生产结构出现不合理状况。随着中国农业水平的不断发展，人们生活水平不断提高，对于农产品的消费需求出现结构性变化，温饱型农产品趋于供需平衡，而中高端农产品消费市场潜力较大。因此，贫困地区需要从此入手，调整农产品发展结构，创建高竞争水平的农业发展扶贫之路。

第一，开拓适应于市场消费结构的农业扶贫路径。根据目前中国市场对于农产品消费需求，温饱型农产品在市场上的供给逐渐大于需求，竞争优势不断减小，中高端农产品的需求逐渐提升，贫困地区在自身生态资源条件允许范围内，调整农产品结构，减小温饱型农产品比例，发展中高端农产品生产，通过创新农产品营销模式和提高农业科技水平，提高贫困地区农产品在市场的竞争力。

第二，以生态条件为依托，推进农业区域结构调整扶贫路径。中国贫困地区范围较广，生态资源条件各异，因此不同区域的贫困地区应根据其生态资源条件和农业资源禀赋，因地制宜，采取具有自身区域特色的农业结构。如对于生态资源条件较好、农业生产环境较为优异、周围区域经济带动作用较大的贫困地区，可以发展优质农产品品牌，利用天然优势和区域优势，提高农产品的市场竞争力。而对于生

态资源环境较差的生态脆弱贫困地区，着力发展节水农业、生态农业和特色农业，充分考虑当地资源承载能力的限制，选择环境良好型的农业。同时，为了进一步改善贫困地区生态脆弱性，结合生态保护发展生态农业，从而达到高经济效益、高生态效益和高社会效益的综合发展，提升贫困地区整体发展能力。近年来，有许多贫困地区结合自身自然条件和市场需求，加快调整农业产业结构，选择更适应于本地区、同时又具有较高市场需求的农产品，比如贵州省毕节市大方县，基于耕地少、土地质量低的自然条件，由原来传统的农作物种植转为中药材、烤烟、畜牧、皱椒、精品果五大主导产业，全力推进山地高效农业和医药大健康产业发展。

（三）提升企业带动，拓宽农业价值链

贫困地区的生态企业拉动是贫困人口脱贫的又一个重要路径。企业通过对贫困人口采取生态项目倾斜支持、减缓贫困人口就业压力等方式对贫困人口产生直接或间接的经济带动作用。主要表现为以下几方面：第一，优先务工，促进贫困户脱贫。这是企业对于贫困人口的最直接带动渠道。大多数贫困人口收入水平低，没有能力和资金进行自主创业，或者有一部分贫困人口因为子女、老人及自身原因无法外出务工，因此，企业针对这部分人采取直接务工的方式进行扶持。首先，在投入方面无须贫困人口负担资金，并通过打工支付其一定的经济报酬，减轻贫困人口及家庭的经济压力。其次，企业可以就近为贫困人口安排就业，解决了外出打工所带来的家庭问题及家庭成本问题，也缓解了贫困村因为外出劳动力过多而造成的乡村空心化现象。最后，企业通过对贫困人口进行理论上的培训和技术上的指导等综合培训扶持，提升贫困人口的发展意识和专业技术水平，使贫困人口在提升专业知识的同时，也逐渐形成脱贫的主动性和积极性，为今后贫困人口自主发展产业提供内在基础。

第二，入股分红，对贫困户创业进行资助。除了直接务工以外，企业还会对贫困人口提供一定的投资机会，贫困人口可以用一部分扶贫资金入股，由农民变为股民，按股分红，享受到企业带来的红利，通过入股分红使贫困人口不仅获得务工收入，同时通过入股也能得到经济收益，获得双重收入。

第三，与贫困村专业合作社及大户一起开发项目，直接和间接带动贫困户。由于贫困人口分散、贫困类型多样化，所以企业对贫困人口"一对一"式的扶贫毕竟规模小，拉动能力有限。因此，对于部分贫困人口比例高的贫困村，企业可以通过直接与当地大户以及专业合作社进行项目合作的方式带动贫困人口脱贫。企业对大户或者专业合作社提供产业贷款资金、技术培训、产品销售等全方位的扶持，保障了整个产业的经济效益。在整个扶持过程中，为了进一步带动当地贫困人口脱贫，使经济效益尽可能地精准到贫困人口身上，企业和政府对大户和专业合作社都有一定的要求，比如规定贫困人口的参与比例、给大户或者专业合作社一定的扶贫脱贫任务，从而激励对贫困人口的倾斜扶持。

近年来，有不少企业对贫困地区提供较多扶持，并取得了显著成效。恒大集团对于贵州省大方县的扶贫拉动可谓典型。2015年12月，恒大集团对大方县投入扶贫资金30亿元，三年实现全县建档立卡数据库中的175个贫困村18万贫困人口全部稳定脱贫。其中，在生态产业扶贫方面，投资12亿元扶持1000个互助合作社，建设1000处特色农牧业生产基地。设立3亿元恒大贫困家庭创业基金，采取以奖代补方式直接奖励，帮助3万人脱贫致富，已扶持贫困家庭创业户942户。

在生态扶贫方面，恒大集团通过建立易地扶贫搬迁项目，建设相应的具有产业支撑的新安置区域，对生活在较为偏僻、基础设施落后以及生态环境较差地区的贫困人口进行搬迁扶持。在社会保障方面，恒大集团出资 3 亿元兴建一所慈善医院、一处养老院和一处儿童福利院，完成 14 期计 5800 人的技能培训，吸纳就业 6914 人，直接带动近 2 万人脱贫。恒大通过吸纳周边贫困户，大力开展技能培训，将贫困农民培训成为产业工人，采取"公司＋基地＋合作社＋农户"的合作模式，带动专业合作社的发展，培训统一指导、统一销售，按成本价提供种子给群众种植，公司负责订单回购产品，针对无力就业家庭和特别困难的家庭精准扶贫，开展长期结对帮扶。

（四）有效利用可再生资源，形成持续高效的产业化扶贫路径

可再生资源是生态资源的重要内容之一，是可以重新利用的资源或者在短时期内再生或循环使用的自然资源，是发展可持续性的包容式生态扶贫的重要条件。生态扶贫通过发展可再生资源，利用可再生能源的循环特征和经济优势，形成可再生能源的聚集与加工，发展可循环的生态产业，使生态环境质量与贫困人口收入水平同时得到提升，从而达到扶贫目标。根据可再生资源的内容和特征，主要可分为以下几种扶贫路径：

第一，低碳扶贫。低碳扶贫是指通过在贫困地区推广低碳理念和消费方式，构建起低排放、低污染的生产机制，进而实现可持续发展的良性扶贫路径。低碳发展有狭义和广义之分。狭义的低碳扶贫，是指依靠对碳排放的控制，降低温室气体排放量，从而降低人类因为气候变化受到的消极影响，营造全球长期良好的生活环境。广义的低碳

发展强调的是人与人之间、人与自然之间的共同发展，构建一种低能耗、低排放、低污染和高效能、高效率、高效益的经济增长模式，大力发展低碳产品、低碳技术、低碳能源，创新低碳生态消费方式，实现对温室气体排放总量的有效控制，推动经济产出增长与温室气体排放增长逐步脱钩，最终走出一条经济、社会、生态三位一体的新型发展道路。低碳扶贫主要依托广义的低碳发展内容、模式及特征，对贫困人口倾斜，因地制宜发展低碳产品、低碳技术、低碳能源等，进而建立贫困人口的低碳观念和低碳消费方式，最终达到低消耗的良性生态环境以及高效率的贫困人口收入水平"共赢"目标。

第二，光伏扶贫。光伏扶贫是中国近几年依靠可再生能源进行扶贫的新型路径。光伏扶贫主要指通过在贫困人口生活住处周围建立太阳能电池板带来经济收益而促进扶贫的方式。其本质就是农民可以依靠设备产生自给电能，同时利用多余电量获取一定的经济收益。通过分布式太阳能发电，每户人家都将成为微型太阳能电站。光伏扶贫主要可分为户用分布式光伏发电装置、村级光伏扶贫电站和集中式光伏扶贫电站三种模式。户用分布式光伏发电规模一般不超过 3 千瓦，主要形式是在贫困户屋顶及院落安装户用分布式光伏发电装置，装置所有权以及产生收益均属于贫困人口。对不具备屋顶及院落安装户用分布式光伏发电装置条件的，可以由多个贫困户联合建设在荒山荒坡等处，产权和收益均归贫困户所有。村级光伏扶贫电站是指在政府支持下通过建设以村为单位的光伏电站，对获得的收益通过村集体针对性地实施帮扶计划。集中式光伏扶贫电站是在地广人稀、土地面积较广的地区采取的模式，通过市场化方式运营获取收益，从而达到帮助贫困户脱贫的目的。

三、生态资源市场化扶贫路径

利用贫困地区的生态资源优势，发展具有市场竞争力的生态产业，最大效用化地产生生态资源的经济价值，是贫困地区扶贫的又一路径。由于中国的贫困区域大多是农村，生态资源破坏程度相对较低。生态资源是贫困地区具有的相对优势，充分利用生态产品的使用价值，增强贫困地区生态产品的市场竞争力，是贫困地区整体发展和贫困人口脱贫致富的发展路径和方向。

（一）中国贫困地区乡村小资源式的全域旅游扶贫路径

中国许多贫困地区拥有先天的自然环境及历史、民族文化资源。然而受地理环境天然因素的影响，与我们通常理解的传统资源不同，这些资源并不是所谓的"名胜古迹""名山胜水"，而是规模不大、分布不集中、知名度较低的一些"小资源"。加上贫困地区经济基础薄弱，这些资源开发不够完善，辐射范围也较有限。然而，也正是因为"小资源"这种特性，形成了其特有的自然优势，主要表现为数量多、分布广，在贫困地区之间具有较多类似的资源点。同时，由于外力、人力的干扰较少，资源本身的物理化学属性也受到较好的保护，保持了资源的原始性。因此，根据目前中国农村尤其是贫困地区农村所具有的天然生态资源特性，对乡村"小资源"内涵进行研究和诠释，是很必要的。有学者对"小资源"予以定义，是指"在经济效益的价值观念标准下，在乡村范围内，无法或不能明显吸引文化艺术者、资本拥有者、社会管理者、乡村旅游者等群体或关注，或保护，或开发，或消费的众多资源的总称"。以乡村生态资源为依据，乡村小资源可分为几大类型：第一，自然景观小资源，主要包括山地、丘陵、河流、树木花草、动物、气候等依靠自然环境而形成的具有一定特点的景观。第二，人文景观小资源，主要指依靠当地历史、文化、民族、宗教等习惯和特性而形成的具有一定特色的景观，比如寺庙、文化节、民族建筑等人文景观。第三，社会类景观小资源，这类主要是指依靠人为的一些行为习惯和创新所形成的具有一定特色的社会氛围。结合中国目前贫困地区所拥有的资源特性，对乡村小资源的特征进行总结：第一，乡村小资源所具有的规模不够大，对周围地区的影响和带动幅度相对较小。第二，开发程度低，利用价值远小于其本身价值，但同时发展潜力大。第三，数量多，分布广，密度相对较大。因此，利用贫困地区这些小、散、多的小资源优势，建立贫困地区小成本的小资源旅游扶贫是贫困人口脱贫的一大路径。

从目前来看，乡村小资源一直未被农村地区尤其是贫困地区所开发利用，其经济价值远未体现，然而对于贫困地区而言，资源优势原本较弱，小资源的利用更加重要。同时，贫困地区小资源的开发利用更具可行性。首先，对于贫困地区而言，小资源旅游扶贫相对传统旅游开发而言成本较低，对贫困地区政府及当地民众来说经济压力较小，项目实施负担较轻，周期短，见效快，对贫困人口扶贫效率高。其次，小资源在贫困地区分布较广，密度较大，利用小资源进行旅游扶贫开发，在贫困地区普及率较高，适用于大多数贫困地区扶贫脱贫。最后，乡村小资源整合有利于打造全域式扶贫模式，推动不同贫困地区之间的联动和合作，促进区域整体经济和社会文化的融合发展。

第一，整合资源，打造全域性小资源旅游区。乡村小资源规模小，分布多，在贫困地区分布较广，因此必须打破界限，以整体区域为发展对象，对不同区域的小资源进行整合，打造全域性的旅游扶贫模式。

全域旅游产业可促进特色经济增长：一是以全域旅游视野打造旅游产业，二是以旅游产业为依托发展特色现代农业，以全域旅游开发推进脱贫攻坚的新进展。着力打造生态资源扶贫项目，推动脱贫攻坚工作由"输血"向"造血"转变。如此一来，从旅游开发视角来看，全域式的旅游模式无论是规划布局还是开发实施，都具有统一性。从脱贫攻坚视角来看，全域式的旅游模式可以通过集结较多的贫困地区小资源的形式，给更多的贫困人口提供就业机会和经济收益。与以村或乡为单位的扶贫相比，此种路径更具有带动效应。

第二，创新升级，打造品牌式旅游。贫困地区的小资源在长期发展过程中没有受到足够重视，因此开发程度较低，保持了较原始的风貌。但正因为如此，在目前新的市场需求背景下，这些小资源具有更大的发展潜力。尤其对于一些本身具有明显特色和代表性的自然或人文资源，通过政府的支持和对外宣传，完全具有成为带动效应较强的旅游景观的潜质。首先，进一步创新升级，挖掘贫困地区中具有特性的小资源，打造成具有市场竞争力的品牌式旅游产品。比如贵州省毕节市的"百里杜鹃"风景区，借助其天然的大规模杜鹃园，通过政府的开发和打造，目前在贵州省已具有较大的旅游价值。在杜鹃花期，每天的客流量达到上万人，带动周边大批贫困人口脱贫致富。同时，品牌旅游产品的打造还有助于带动周边区域小资源旅游产品的集聚发展，进而发挥更大的扶贫辐射效应。其次，将自然景观与人文风俗结合，打造具有乡土气息的文化旅游景观。不难理解，越是偏远的地区，其人文风俗、历史文化痕迹越是保留完整。在世界进入高速发展的今天，人文景观对于消费者的吸引力越来越大，因此自然风光与当地文化结合，提升旅游产品的人文风情，也就产生了吸引力。

第三，瞄准定位，打造以临近区域消费者为对象的专属旅游产品。贫困地区由于大多位置较为偏远，交通不便，考虑到旅游成本以及小资源本身的影响力，这些地区的小资源旅游对于较远地区的游客短期内达不到较大的吸引力。贫困地区须精准定位，从市场需要找准具体消费区域，以临近区域的人群为重点，打造有针对性的专属旅游产品。比如根据临近区域或省内人群的生活习性、文化特征及偏好等需求，有选择性地打造省内小资源旅游产品。从开发成本来说，以吸引当地或省内消费人群为短期目标，进行分期开发，可以为贫困地区政府节约旅游成本，缓解当地财政压力。精准定位，科学布局，可以更有针对性地选取消费对象和消费地区，更有效地提升旅游产品经济效益。

中国已相继有部分地区采取整合小资源旅游开发的脱贫路径，并取得一定的成效，对当地贫困人口具有较大的拉动作用。比如，贵州省毕节市赫章县凭借其较多的小资源优势着力打造贵州省全域旅游景区，以"夜郎国家森林公园"为中心，连接"韭菜坪""百里杜鹃"等周边自然景观以及"樱桃文化节""彝族火把节""阿西里西音乐节""夜郎美食休闲盛宴"等人文景观，逐渐打造成贵州省全域旅游示范区。截至 2016 年 12 月初，该区累计接待游客 488.12 万人次，同比增幅为66%；获取旅游收入 39.71 亿元，同比增幅为 57.45%；累计旅游收入42.89 亿元。

（二）文化与自然资源相结合的多元旅游扶贫

随着社会多样性发展，人们旅游的内容也在不断变化，旅游形式也逐渐趋于多元化。基于此背景，贫困地区借助于文化资源和自然资源相结合的方式打造多元化旅游扶贫路径，在产生经济收益的同时，也能进一步对贫困地区文化产业进行再度挖掘和开发，提升贫困地区旅游开发的潜在能力。多元旅游的内容大体有以下几方面：①自然资源。自然资源主要是指当地经过长时间的自然地理环境演变而形成的具有一定特色的自然风光、景象，主要因素包括地貌、水体、生物、气候等方面。这类资源主要分布在生态良好型贫困地区，具有较好的自然生态条件和较高的经济利用价值。②民族文化资源。主要指一个地区伴随着不同民族长时间的生产生活所遗留下来的能够体现其特点的物质和精神的总和。民族文化资源其实更多情况下是一种非物质文化积淀，比如一些习俗、节日或者活动。同时也有一部分具体的物质遗留，比如宗庙、民居建筑、生活用品等等，能体现当地的民族文化价值。贫困地区中有相当一部分为少数民族地区，2015年民族八省区农村贫困人口为1813万人，占全国农村贫困人口的比重为32.5%，在这些地区具有非常丰富的民族文化资源。③历史文化资源。历史文化资源是指当地历史上发生的对人类生活方式或精神层面产生较大影响的重大事件和文化积淀。主要包括古人类遗址、古代都城遗址、古战场遗址、名人遗址等资源。贫困地区可以在市场经济条件下，依托自身独具特色的历史文化资源，把资源转化为文化产品，提升其市场价值。④红色革命资源。红色革命资源属于历史文化资源中较为特殊的一种资源，主要是指中国共产党领导中国人民走向独立解放和繁荣富强的伟大历史进程中形成的革命遗址、革命文物及其所承载的革命精神的总和。以"中国革命"为主题的红色资源，是发展红色旅游的主要资源。随着文化水平的不断提高，红色旅游在中国的市场竞争力也逐渐增强。一个突出的例子：井冈山市作为革命老区在红色旅游方面开发较好，取得突出效果，并带动周边一大部分贫困人口脱贫。据统计，截至2016年上半年，井冈山市共整合各类扶贫资金2亿元以上用于扶贫开发，实现全市贫困人口下降幅度达到46.75%，贫困户人均增收 1500 元，全市贫困发生率由 13.5% 下降至 7.8%。

然而，贫困地区多元旅游扶贫开发存在一定的困难，主要表现为文化资源开发力度欠缺，未能形成足够的影响和带动效应。要想克服这些困难，进一步发展多元旅游，就必须尊重当地传统文化习俗，加大对贫困地区传统建筑、工业等生产生活等非物质遗产的保护，促进当地传统文化的创新与传播，建立合作沟通和共享协作的可持续发展旅游伙伴关系。因此，为了进一步推动多元旅游经济效益及对贫困人口扶贫带动作用，具体提出几点建议：第一，加大贫困地区各级政府、各个部门对于资源整合的沟通和交流，努力挖掘自然资源与文化资源之间的共性与交集，开拓出适宜于当地自身发展的多元旅游机制。第二，调动社会力量参与，增加多元旅游资金投入。由于贫困地区自身财政薄弱，需通过招商引资等渠道加强社会参与。同时，政府应对贫困地区文化旅游提供政策倾斜支持，进一步鼓励社会资源流入。第三，加大政府及社会宣传力度，尤其是对于贫困地区文化背景的宣传，利用新兴媒体进行当地文化资源的传播，提升多元旅游的市场影响力。第四，加大贫困地区文化资源与自然资源的保护力度。在多元资源旅游开发的同时，更要注重资源的进一步保护，以可持续发展为目标对资源进行保守型开发，对于部分生态保护区，需实施一定的限制，如控制每天客流量等措施；严格监控旅游企业对环境的污染情况，并建立完善的考核和奖惩制度，达到经济效益、社会效益和生态效益相统一。第五，加强对贫困地区人口的资源、环境保护意识的教育。政府需通过培训，帮助贫困人口树立生态文明理念，提升贫困人口对当地旅游资源的保护意识。

（三）自然资源与农业相结合的休闲观光农业旅游扶贫

休闲观光农业旅游扶贫一直发挥着精准扶贫和脱贫攻坚"生力军"的作用，对贫困地区经济带动作用显著，具有很强的适用性和传播性。休闲观光农业是指休闲观光旅游与农业有机结合的新型旅游模式，也就是将农业生产与休闲娱乐结合起来的互动式体验旅游，比如通过自主种植、自主采摘、自主经营的旅游模式吸引周边游客进行体验式互动旅游，该方式对贫困地区与周边城市居民具有双赢的经济和文化价值。其价值主要体现在三个层面：第一，经济价值。休闲观光农业的基础仍是农业，而利用休闲观光旅游的方式本质上是拓宽了农业的销售市场和渠道。在农业传统销售的基础上，通过农园采摘、乡村体验等休闲旅游，使农产品的价值得到附加提升，以一种旅游产品的形式拓宽农业产业价值链，从而提升农业经济效益。同时，休闲观光农业作为一种旅游产业本身具有一定的产业带动作用，能够加快贫困地区的经济发展。第二，生态价值。休闲观光农业是结合目前居民对于田园生活方式的需求，对农业资源进行整合升级的新型产业。休闲观光农业依托生态环境为资本，以新时期的田园风光和生活体验吸引游客观光、休闲、度假，具有改善生态环境质量的功效。

休闲观光农业与传统旅游模式相比，其优势是更普遍适合于农村地区特别是贫困地区。由于位置、交通等因素滞后，许多贫困地区并没有较好的自然旅游资源，而且旅游机制也因经济因素的制约而不够完善，因此依靠传统农业扶贫并不适合于大多数贫困地区。而休闲观光农业则是依靠农村自然的田园风光和农业生产劳动场景，利用体验式、参与式的方式形成特殊的田园生活旅游模式。这种模式不依靠具体的自然景观，而是借助农村本身具有的农家风光进行开发利用，因此，更具有普遍适用性，对贫困地区的拉动效应也更加明显。主要体现在几方面：第一，收入带动。休闲观光农业对于收入具有直接拉动作用，主要有两方面收入来源：①农业收入；②旅游产业带来的收入。延伸农业产业链，积极引导和扶持贫困农户发展"农家乐"，形成"农家乐"和特色种植的优势互补，提高综合效益，吸引更多的周围游客到农村旅游、休闲、度假，实现农业经济和第三产业服务共赢。第二，信息对称带动。休闲观光农业使贫困地区人口与游客都参与进来，充分带动贫困地区与外界的交流和互动，尤其在信息方面贫困地区居民可以通过与游客的交流获得更多的信息，减少贫困地区与外界的信息不对称现象。同时，休闲观光农业依靠现代农业技术，利用互联网等技术开拓旅游市场，如采取全程监测的方式进行游客养殖业体验等，促进贫困地区与外界市场的衔接，使其对整体市场的敏锐度逐渐提高，从而提升贫困地区的内生实力。第三，生态理念带动。理念的形成需要实践及其结果的导向，生态理念的形成也需要依靠实践及其经济效益，尤其对于贫困地区，简单的生态观念灌输，效果并不明显。然而，休闲观光农业的实施加大了贫困人口对于生态环境资源保护的责任，使贫困人口认识到生态环境的维护和改善是休闲观光产业的必要投资。同时，其产生的经济效益也促使贫困人口对于当地生态环境产生自发性保护。

第五章

生态扶贫典型案例研究

中国生态扶贫实践中，通过不断加强和完善扶贫试验区的政策实践与探索，地方政府与贫困社区将生态扶贫与地方性经验与知识、农耕文化进行融合，在政府推动、多元社会参与及向社会专业组织购买服务等体制、机制的探索中，将生态扶贫开发与社区建设、能力培育有机结合，逐渐走出了一条中国特色的生态扶贫道路。

第一节 发展生态旅游，促进扶贫工作
——陕西省宝鸡市大湾河村生态扶贫案例

大湾河村隶属于陕西省宝鸡市陈仓区坪头镇管辖，2014 年被确定为建档立卡贫困村，属于省级贫困村。近几年，大湾河村在保护生态环境的基础上大力发展旅游，解决贫困人口的就业。如今，生态旅游已经成为大湾河村脱贫致富的主要途径。

一、陕西省宝鸡市大湾河村基本情况

大湾河村位于宝鸡市西部山区，属陇山余脉，距宝天高速坪头出口 19 公里。全村村域面积 16 平方公里，有耕地 1873.5 亩、林地 12600 亩。群众居住分散、土地贫瘠、山大沟深、交通闭塞，农作物产量低，以传统畜牧养殖和转移就业为主，主导产业为中药材及花椒种植。2014 年，大湾河村被确定为贫困村，全村 171 户 686 人，其中贫困户 65 户 214 人。经过几年的脱贫攻坚，2018 年，剩余贫困户 34 户 99 人，贫困发生率降为 14.6%。剩余贫困户中，因病致贫 7 户，占贫困户总数 20%；因残致贫 9 户，占贫困户总数 25.71%；因灾致贫 1 户，占贫困户总数 2.86%；缺劳动力致贫 6 户，占贫困户总数 17.14%；缺资金致贫 12 户，占贫困户总数 34.29%。

二、大湾河村的贫困根源

恶劣的自然条件、偏远的地理位置，是大湾河村群众脱贫的最大障碍。产业主要以花椒、核桃、中华蜜蜂以及传统种植养殖业为主，农作物产量偏低。由于花椒以及中药材传统产业项目受气候变化、市场行情影响较大，往往有增产不增收的情况。因此，大湾河村本身可供发展的产业有限，现有中药材以及花椒主导产业的波动性比较大，产业效应欠佳，不能有效带动贫困户脱贫致富。此外，大湾河村没有农产品深加工龙头企业，缺少龙头企业的带动，种植业价格受市场行情影响大。从主观角度看，有些贫困户内生动力不足，"等靠要"思想依然存在，脱贫致富的信心仍然不足，也在一定程度上制约了产业发展。

大湾河村生态环境脆弱、资源禀赋不足、产业发展存在困难，带来的问题主要是大湾河村很难通过传统的产业发展脱贫致富，一定程度上也打击了贫困户脱贫致富的信心，给驻村扶贫干部带来极大的考验。为此，当地政府探索出一条生态旅游扶贫道路，依托西部山区丰富的自然资源，借助九龙山景区的开发优势，将大湾河村一组的16户农户搬迁到九龙山景区内，将移民搬迁与生态旅游结合起来，逐步带动大湾河村的贫困户以及非贫困户共同致富。

三、发展生态旅游助力脱贫攻坚的主要做法

（一）以生态旅游扶贫有效推进易地扶贫搬迁工作

大湾河村一组李家窝有农户23户93人，其中贫困户12户39人。村组道路狭窄，且均为土路和砂石路，高低不平，距离主干路较远，无排水设施，生产生活极为不便。为此，按照政府倡导、旅游开发公

司实施、群众自愿的原则，采取以旧宅基地使用面积与家庭人口数结合考量、旧房腾退兑换和找补差价的办法进行搬迁，将易地扶贫搬迁与生态旅游开发相结合。每户宅基地占地面积为 0.3 亩左右，共建设 16 套砖混一层瓦架屋面结构住房，含上下圈梁、抗震柱，各户均建有独立的灶房、餐厅、卫生间。一律采用塑钢窗，钢木机制门，锅、灶、炕全部到位，可直接入住。入住前，首先做好周边环境的绿化、美化和亮化，并完善相关基础设施建设，确保搬迁群众搬得出、住得好、有发展。建设项目由宝鸡九龙山旅游开发有限公司组织实施，镇政府统筹协调，大湾河村、新民村配合搞好项目建设的环境保障工作，并根据旅游开发的总体需要和规划，沿大湾河两岸发展"农家乐"，增加农民收入。

（二）以生态旅游扶贫妥善解决村民安置、就业等民生保障问题

在区人社局牵头负责、镇政府积极配合下，围绕解决大湾河村移民搬迁群众"稳就业、能致富"目标制定就业帮扶计划，科学设置培训内容，扎实开展技能培训，拓宽就业渠道，确保有条件的每个搬迁群众熟练掌握 1—2 项实用技术，争取搬迁后就近创业就业，在新居住地收入有来源、生活有保障，并针对大湾河村移民搬迁群众就业制定了劳动就业帮扶和技能培训方案，定期组织开展劳动技能培训，大力发展旅游带动。大湾河村在九龙山旅游景区就业人数为 78 人（贫困劳动力 34 人，其中有 1 人为固定岗位），人均年增收 1.5 万元左右。

（三）以生态旅游扶贫重点谋划易地搬迁乡村原址开发建设

借鉴大水川、九龙山旅游景区开发经验，按照先移民搬迁、后原址开发的步骤，在保护好大湾河村李家窝原有生态环境基础上，通过

土地流转、入股分红、专业合作社等方式，发展生态种植和养殖；利用原有自然水面和天然瀑布等景观，维修和加固移民搬迁后的民宿，通过修筑道路、桥梁提升基础设施水平，最终建成集休闲、观光、娱乐、避暑为一体的生态旅游胜地。

大湾河村计划以实现"旅游产业精准扶贫，打造全国乡村旅游扶贫示范基地"为总目标，初期拟完成乡村基础设施提升改造，建设游客服务中心、停车场，增设必要的旅游服务设施，完成村民搬迁，文化展示中心、精品民宿建设等。远期规划在满足游客基本需求的"吃、住、行、游、购、娱"旅游六要素的基础上，向"体、学、养、闲、情、奇"新旅游六要素转变，全面提升乡村旅游发展质量和服务水平，在全民脱贫的基础上，引导农民实现物质和精神"双脱贫"。

（四）以生态旅游扶贫因地制宜发展特色产业

大湾河村注重借助生态旅游发展乡村特色产业，帮扶到户到人，实现抱团发展，促进贫困人口稳定增收脱贫。根据大湾河村自身的资源优势，因地制宜，发展中药材种植、经济林果种植、生猪养殖、中华蜜蜂养殖等特色种植养殖业，成立相关农业专业合作社，以大户带动农户的方式，鼓励全村农户参与，形成规模，增加农民收入。围绕旅游产业，通过专业技能培训、带资入股扶持等方式，带动沿线群众特别是贫困家庭自主创业发展"农家乐""民宿旅游""特色旅游产品"等第三产业，实现自我发展。目前，大湾河村已初步完成产业发展规划和整村脱贫规划，落实产业发展扶持资金16.8万余元，着力发展中药材种植、经济林精品果种植、生猪饲养、中华蜜蜂养殖等，兴办养殖专业合作社，增加农民收入，已经扶持贫困群众56户通过发展产业实现了脱贫。

四、生态旅游扶贫的成效

大湾河村生态旅游扶贫取得了显著成效，使得参与主体的"角色"与"行动"发生了转变，为脱贫机制的可持续运转奠定了重要基础。四元主体联动的"角色—行动"转变主要表现在以下四个方面：

（一）政府：主导者变为服务者

脱贫攻坚战中，政府应当扮演什么角色，怎样做才能"事半功倍"？政府的缺位以及越位往往是政府职能失灵的重要原因。根据大湾河村脱贫路径，政府应当定位在服务者的位置。一方面，承担基础设施修建等职责，从宏观角度把握政策制定；另一方面，从微观角度主动满足村民需求，有针对性地提供技术、资金和管理等服务。村民做不了的事情，政府要适时出手，予以规制，保护利益受损者。

（二）企业：单一旅游变为"旅游+"

2015年5月，陈仓区政府与育才集团签约，将大水川、灵宝峡、九龙山三大自然景区合并后的"大水川国际旅游度假区"项目进行保护性开发建设，用旅游开发带动产业扶贫，实施了西山扶贫攻坚工作的新路径："生态+旅游+扶贫"。一是"旅游+就业"，九龙山景区吸纳贫困户就业124人，提供就业岗位1200个，主要从事保洁、保安、检票、售票工作等，月平均收入2400元。大湾河村在九龙山旅游景区就业人数为78人，其中，贫困劳动力34人，1人为固定岗位。二是"旅游+农家乐"，对于景区周边办"农家乐"的农户进行集中培训、集中管理，贫困户开办"农家乐"79户，以旅游带动"农家乐"。三是"旅游+农副产品"，九龙山景区免费为20户群众提供农副产品摊点，主要销售新鲜花椒、土蜂蜜、木耳、核桃、核桃花、黑猪肉等，景区收购农副产品进行组合包装，方便游客携带，实现了以旅游带动第三产业的发展，增加了周边群众的经济收入。

（三）社会力量：单一式变为参与式

社会力量可以弥补政府扶贫资金的不足，加大扶贫资源整合力度，提高贫困群体的内在动机和行动能力，构建多元主体、优势互补、精准发力、有效衔接的扶贫工作机制。在脱贫攻坚工作中，社会力量积极参与到大湾河村的各项扶贫工作中，取得明显成效。为了进一步激发贫困户内生动力，大湾河村与宝鸡电大积极动员社会力量，由陕西电大宝鸡市分校援建并成立"大湾河村爱心超市"，通过贫困户参与村级公共事务，进行积分兑换实物，搭建长期关爱、扶助弱势群体的平台，引导贫困户和非贫困户共同改善人居环境，助力脱贫攻坚。

（四）贫困户：盲从变为自主，能力弱变为能力强

大湾河村精准脱贫是一种内生性精准扶贫机制。一方面，驻村干部积极向上级反映村庄发展需求；另一方面，通过利益联结主体的动态互动，打破信息不对称性，为大湾河村村民"赋能"，在保持并发扬原有民族特性的基础上，提升贫困户经商能力和服务水平，使得贫困户实现"盲从→自主"的观念转变和"农民→小商户"的角色转变，最终村民腰包也鼓起来，摆脱了贫困，走上了自主致富之路。

五、推广价值

在生态旅游扶贫的实施过程中，要注意保护生物多样性，不破坏生态和水系，实现生态低碳环保，发挥出它应有的经济和社会价值。大湾河村立足自然环境以及区位优势，在保护生态的前提下，采取"政府搭台、企业唱戏、社会力量参与、贫困户得实惠"的联合开发举

措，让企业发挥自身优势，动员全社会力量参与旅游产业大开发和精准扶贫，形成政府、企业、市场、社会相互促进、协同发展的大扶贫格局。在生态旅游扶贫路径的选择上，大湾河村所在地政府部门应制定生态旅游产业发展规划，回归到生态旅游扶贫轨道。在关注生态旅游扶贫所在地贫困人口的同时，要注意协调好和附近贫困村落的冲突和利益关系，做到利益共享、好处均沾、富在百姓，让生态旅游扶贫带动面更广，生态、旅游、扶贫三者相互关联、相互交织、相互促进，最终产生神奇裂变效应。其中，保护生态是开发旅游的基本前提，开发旅游可将生态资源转换为旅游资源，再将旅游资源转变为扶贫资源，而做强旅游产业能真正激发出当地经济发展和群众脱贫致富的内生动力，最终在生态、旅游、扶贫三者深度融合中实现贫困地区大发展、贫困群众大脱贫目标。这种扶贫道路将会放大到川塬地区、吴山和天台山的开发中去，将宝鸡市陈仓区的生态旅游扶贫做大做强、做出品牌，具有可复制、可推广的价值。对于集中连片特困地区的精准扶贫有一定的借鉴意义和推广价值。

第二节 以发展有机农业优环境促脱贫

——山西省灵丘县车河村有机农业扶贫案例

"有机农业＋扶贫"模式，是坚持生态优先发展原则，利用区域良好的生态资源，通过有机农业种植、养殖和销售有机农产品获得收入的扶贫方式。该模式通过有机农产品较高的附加值增加贫困人口收入，发展贫困地区经济，农业生产实现转型升级，促进区域可持续发展。山西省灵丘县车河村探索了一种"三位一体"的有机农业扶贫模式，联合农户、合作社、工商企业，承包户入社，资源变资本，合作社参股、工商企业出资，资本变资金。这种模式在促进农业升级和保护农业生态环境的同时，带动了贫困人口的增收，是一种生态扶贫的重要模式，为未来借助农业发展促进减贫和乡村振兴指明了方向。

一、山西省灵丘县车河村基本情况

车河村位于山西省灵丘县红石塄乡，"燕山—太行山"集中连片特困地区。分为上车河、下车河两个自然村，方圆 27 平方公里，共有 81 户 173 名村民。气候属于温带大陆性季风气候，空气质量较好。位于农作物生长的黄金地带——北纬 38°—39° 地区，是水稻、小麦、玉米和小杂粮等重要产地，是抵御病虫害、保证农作物物种和发展有机农业的天然宝库。建设有机农业扶贫社区之前，车河村贫困人口共有 32

户77人。传统产业结构单一，农业多沿袭传统种植方式，经营粗放，效益低下，经济基础薄弱，发展滞后。

发展有机农业的选址十分重要，全世界范围内有机农业的发展都存在着"孤岛现象"。有机农业和非有机农业之间即使划定了一定距离的隔离带，农作物传粉时也很难挡住风、蜜蜂、蝴蝶等造成的交叉传播。另外，非有机农业地区病虫害容易集中到有机农田地区，成为病虫害的洼地，最终阻碍有机农业的可持续发展。车河村在地理结构上处于封闭环境，周围群山环绕，山外气候很难影响到山内，形成了适于发展有机农业的空间区域。

二、车河村有机农业扶贫实施过程

由于经济发展受限、群众增收困难，同时具有得天独厚的自然资源、地理优势以及丰富的农业生产经验，因而从2013年开始，灵丘县政府把发展有机农业作为车河村农业发展的支柱产业。根据车河村自身情况，并按照《山西灵丘有机农业园区实施规划（2013—2030年）》的总体设计，车河村从2013年开始建设有机农业社区。

（一）统筹多渠道资金，为有机农业发展提供资金保障

车河有机社区项目计划总投资4.3亿元，目前已完成投资1.8亿元，其中车河有机农业综合开发有限公司自筹资金1.35亿元，灵丘县政府整合统筹资金完成公共基础设施投资4500万元。整合统筹资金包括扶贫资金、财政、发改、农业、水利、交通等部门资金及国家开发银行、农业开发银行贷款资金。筹集资金根据"集中使用、分口管理、财政监督"的原则，各口资金严格履行项目审核、工程招投标程序，财政部门统一把关，确保各项资金及时有效全额用到项目建设上。

车河村原有住房毁损严重，道路、水利等公共基础设施基本没有，因此县级政府统筹资金重点建设完善公共基础设施。2015年，交通部门在车河有机社区进行公路改造工程，全长16.55公里，工程造价1011.08万元，当年支付工程款720万元。水利部门先后为车河社区投入水保等各类项目资金460多万元，其中机井及滚水坝等水源工程投资80多万元、顺水坝和护地坝等投资50万元、景观蓄水工程等投资200多万元、输水管路及水池等饮水和灌溉工程投资60多万元、移动喷灌设备等投资40多万元、灌溉U型渠及排水渠等投资30多万元。

（二）土地产权制度改革，构筑"三位一体"新模式

车河社区产权制度改革的创新点在于按照"三权"分置的土地改革制度，建立科学合理的土地利益分配调节机制，构筑承包户、合作社、经营主体三位一体的利益共同体。第一步是从承包户到合作社，资源变资本。上、下车河两个自然村81户173名村民入社，将承包的1113亩耕地、3万亩四荒林地的经营权和宅基地使用权集中流转到产权清晰的合作社（灵丘县道自然有机农业专业合作社），该合作社给全体社员颁发"社员证"，作为资产入股和利益分享的法律凭据，建立起动态调整的利益人均分配和与之适应的一人一票民主决策机制，实现了从"分"到"统"的二次飞跃，适应有机农业集约化生产的需要，促进资源变资本。第二步是从合作社到经营主体，资本变资金。合作社与当地工商企业成立的"灵丘县车河有机农业综合开发有限公司"合作，由其负责统一规划经营集中起来的资源和土地，并独立承担市场经营风险。按照合同约定，公司每年支付合作社不低于30万元的基本保底收益，包括天然气、水、电等基础设施运行费用及分给社员的

实物资产（粮食、蔬菜等），合作社用于从事社区保洁的人员的工资及经常性办公支出。

有机农业发展前期，特别是垦地合作项目收益尚未稳定的阶段，以适合的现金补偿方式体现土地财产基本收益，是保障农户生活不低于现有水平和社区建设顺利推进的必要条件。经营主体前三年每亩地每年支付社员土地流转金 500 元，以后每隔三年递增 5%。随着农民人均综合收入增加，从第四年起经营主体每年支付合作社保底收益 55.65 万元，人均 3058 元。

（三）建立有机农业全产业链，提升产业效益和可持续性

车河有机农业社区致力于搭建"从土地到餐桌"的有机农业全产业链。有机农业的开展涉及前期的生态条件准备、中期的农产品生产、后期的农产品营销，以及农产品的追溯体系建设。

1. 检验改善水土气质量，建立适宜生态环境

有机农业园区的建设离不开健康的生态环境，水源、土壤、空气质量保障与建设是发展有机农业的基石。灵丘县在生产有机产品之前对生态环境进行了检测和改造。经权威机构检测，车河社区水土气具备发展有机农业的条件。灵丘县车河有机农业综合开发有限公司委托北京谱尼测试公司对灵丘有机农业园区土样化验分析结果显示，土壤有机质和铁、锰、硫元素含量丰富，pH 值、阳离子交换量、重金属及农药残留均符合《土壤环境质量标准》（GB15618-1995）的二级标准，具备发展有机农业的土壤条件。车河社区土壤有机质含量平均高达 25 毫克 / 千克。中国城市规划设计研究院城市供水水质监测中心对区域内水样 48 项常规理化指标和金属离子指标检测，水样呈弱碱性，无机阴离子含量和硬度适中，总有机碳在 2 毫克 / 升左右，有机污染物未

检出，符合我国饮用水、地表水、地下水及矿泉水的相关水质标准，也符合国际上广泛采用的欧盟、美国和世界卫生组织饮用水标准。京诚监测机构对区域内空气质量以 PM2.5 为主的六项指标进行监测，都在二级和二级以上，细菌总群和负氧离子均符合生态旅游标准。

为提高耕地质量和地力等级，进行农田改造。车河村原有耕地贫瘠，投入不足。车河村乃至整个南山区都以褐土和草甸土为主，土壤肥力按全国分级标准为中下等水平。为提高耕地质量和地力等级、发展适合有机农业种植的土壤，灵丘县车河有机农业综合开发有限公司投入资金，通过平整土地、更换土壤、加厚耕作层、增施有机肥等措施保护和改善土壤，新造改造高标准有机耕地 700 亩、机井 1 眼、水塔 2 座、供水管网 16 公里，建鸡舍 8 处、羊场 1 处、仓库 3 座，养肉蛋兼用鸡 30000 只，购买农机车辆 12 台。

2. 开展适合的有机农业种植和养殖

车河有机农业社区全域禁用农药、化肥、除草剂等，并建立有机农业执法队进行监管，以确保"全域有机"发展。目前，杂粮、蔬菜等有机种植 700 亩。有机肥等投入品经有机认证组织评估，政府统一采购发放给有机农业种植公司。为满足"全有机"标准，邀请农业专家根据植被、区域面积等测算可养殖的畜禽数量。截至 2018 年 9 月，养殖有机鸡 3 万只、有机羊 5000 只，产品全部取得有机认证。绿壳柴鸡蛋上市销售，市场接受度非常高，平均售价 20 元 / 斤。有机产品生产出来后，由经营主体雇用社员进行有机产品的初加工、标识扫码等包装加工。未来，随着有机产品数量的增加，还将重点发展产品深加工产业。

3. 建立集"农产品质量、供应链信息、扶贫功能"于一体的追溯平台

有机农业园区领导小组委托北京丰复久信营销科技有限公司建立县域重要农产品质量追溯精准扶贫平台，通过设置追溯二维码，实现商品生命周期全程追溯。该平台包括质量追溯、供应链信息追溯、扶贫追溯三大功能，可贯穿农产品生产基地管理，种植养殖过程管理，农产品加工、储存、运输、上市销售的各个环节，最终实现对重要农产品的全过程、全链条追溯。

组建农业综合执法大队加强追溯监管。灵丘县农业综合执法大队经灵丘县农业委员会授权，对灵丘县农业生产质量安全进行监管，特别是对追溯赋码产品质量进行抽检和监控。首先是对农业生产资料及农业投入品中的种子、种苗、农药、农膜、肥料等的质量安全进行监督管理。受理种子、农药、肥料、食用农产品、农业植物新品种保护、基本农田保护等方面违法行为的投诉、举报，承担上述领域的执法检查和重大违法行为的立案调查、处理工作。农业执法大队还负责审批、发放、年审、注销有关行业许可证照，审批特许品种的经营许可行为，严控追溯企业的准入和运营情况。一旦出现假冒伪劣或不合格产品，该企业通过考核退出追溯体系。

4. 采取多种营销方式，扩大有机农产品销售

根据实际情况，主要采取"电商＋口碑＋旅游"的销售方式。由于车河有机农业发展刚刚起步，产品数量和品种不丰富，不能满足大规模市场供给，主要通过电子商务和消费者口碑传播实现有效销售，以及游客来产地直接采购。

为推广有机农产品，灵丘县引入"乡村优品发掘计划"。该计划通过贫困地区政府、高校、媒体、企业的"产学研"多维互动，共同打造贫困地区品质过硬、安全追溯、品牌鲜明、市场认可的优质产品，由北京丰复久信营销科技有限公司具体负责落地实施。"乡村优品发掘计划"推出"餐饮领军企业品牌＋贫困地区公共品牌"联合品牌，借助品牌餐饮企业的影响力，通过"连锁餐饮消费扶贫"等餐饮领军企业走进贫困县，直接采买当地可追溯扶贫优质食材，形成销售转化。并为贫困地区输出品牌、输出技术、输出管理，以品牌餐饮企业的市场标准倒逼区域特色产品实现质量提升、产业升级。"乡村优品发掘计划"还联合知名高校通过大学生暑期社会实践、创新创业等方式去见证、发掘、展示、转化贫困地区的特色风土、风貌、产品，与品牌餐饮企业形成有效联动。通过主流传统媒体的报道、直播贫困县县长代言本地可追溯扶贫优质食材、美食网络红人在线制作可追溯扶贫优质食材特色菜品等宣传方式，扩大贫困县可追溯扶贫优质食材的市场影响力。另外，适时组织商超、农业批发市场及电商平台等销售渠道为贫困地区公共品牌提供产销对接，帮助打通可追溯扶贫好食材全程上行渠道。未来将与大城市建立合作关系，提高有机农产品影响力。下一步，车河有机社区将重点通过发展 CSA（社区支持农业），与大城市社区"结对子"，产地直供，以销定产，进一步扩大有机农产品的销售规模，提高其影响力。

（四）全面改善生产生活设施，有机社区呈新貌

集中新建住房，改善村民生活条件。车河有机社区依托有机农业产业，实现就地城镇化。车河村村民原有住房毁损严重，2013 年启动车河有机社区建设，按照统一规划，首先重点解决住房问题。经营主体集中建设了 65 套新村民居，每户一套二层小楼，上层居住，下层作

为旅游宾馆使用，农民通过经营获得住宿餐饮收入，彻底解决了居民住房问题。修建通村公路 18 公里、区内道路 20 公里、街巷路 2 公里、临时展示中心 1 座。

修建公共基础设施，提供有机农业发展必要条件。2015 年政府投资整修道路、桥梁，建设天然气管道及设施、污水处理和垃圾收集环保设施；修建公共服务设施，包括国学馆、敬老院、卫生室；建设水利设施，包括机井及滚水坝、顺水坝和护地坝、景观蓄水工程、输水管路及水池等饮水和灌溉工程、移动喷灌设备、灌溉 U 型渠及排水渠等水源项目。

开发"有机农业 + 乡村旅游"，打造田园综合体。整修景观区 3 处，山地自行车道 13 公里。改建传统庙宇 5 座，兴建民俗博物馆 1 座，房舍 36 间。2016 年车河社区新建了有机餐厅、旅游接待中心，修建拱形石桥 1 座、石坝 1 公里、有机羊圈 4 个，新建办公用房、民俗博物馆、窑洞 19 间等。2018 年，车河有机社区旅游服务功能进一步完善，作为乡村俱乐部一部分的农家宾馆接待服务进入平稳经营期。

三、车河村有机农业扶贫成效评价

（一）村民人均收入大幅提高

2007 年至 2013 年，车河村农民人均年收入始终在 2300 元上下徘徊。经过 4 年的探索，车河有机社区走出一条确保农民不离地、不失地、不失业、不失居、保增收前提下的就地城镇化发展道路。2015 年实现人均纯收入 15000 元，32 户 77 名贫困人口全部脱贫，成为全县第一批退出的贫困村。农民收益主要包括四个方面：

一是土地流转收益，人均年收入 3000 元。除每年经营主体支付给合作社的不低于 30 万元的保底收益外，还支付给合作社土地流转金每年 500（元）×1113（亩）=55.65 万元（不包括每三年 5% 的递增额），人均每年收入 3058 元。

二是旅游服务收益。按照总体开发规划，车河村住户的房屋全部拆除，由综合开发公司为每户集中兴建一套二层小楼，上层居住，下层作为农家宾馆使用。如今已有来自北京的画家常年租用农家宾馆，年租金 5000 元。

三是劳务工资收益，人均年收入 22000—35000 元。农民以公司员工的身份参与有机农牧业和旅游服务业经营、务工以及社区管理，每人每年可收入 22000—35000 元（全年按 10 个月实际劳动时间计算）。社区建设初期泥瓦匠工资每天 120 元，木匠工资每天 150 元，普通工种工资每天 100 元；种植养殖技术人员工资每天 130 元，养殖人员每天工资 120 元 + 绩效工资。每年 3—12 月工作，1—3 月以零工为主，日均工资 80 元。

四是公司分红收益。靠公司通过发展有机农业和有机畜牧业，预期社区建设完成后，每人每年分红 30000 元。

（二）新型经营主体获得多种红利

灵丘县车河有机农业综合开发有限公司作为工商企业支持农业的新型经营主体，通过有机社区的建设和发展将获得多种红利，保证企业经营的持续发展。一是土地增值红利。进入市场的土地经营权随着开发建设的深入及其资源的稀缺性必然增值，经营主体从中获得长期土地增值红利。二是政策红利。现代农业发展，适度规模经营是大趋势，政府通过培育新型经营主体，新增的农业补贴向适度规模经营的合作社等新型主体倾斜，集中使用移民搬迁和棚户区改造等扶贫资金，经营主体由此获得政策红利。三是劳动红利。有机社区建设和有机农业及乡村旅游产业的发展提供了大量的就业岗位,就近工作的收入比起外出打工并不少,生活成本却低很多。伴随各项公共基础设施的完善,车河居民全部参加到社区的开发建设中,经营主体由此获得相对低成本的劳动力红利。

(三)避免贫困户与非贫困户之间的矛盾

车河村 81 户 173 名村民全部入社并参加到有机社区的建设,建档立卡贫困户与非贫困户没有政策和收益等方面的区别。有机农业发展和有机社区建设为社员提供了就近工作岗位,增加了收入,调动了积极参与的主动性。更为重要的是,整村推进有机农业扶贫项目,形成了全村脱贫致富的氛围,避免了贫困户与非贫困户之间的矛盾。

四、车河村有机农业扶贫经验与启示

(一)坚持生态优先,促进协调发展

遵照新发展理念和习近平总书记关于生态优先发展重要论述,车河村从自身资源禀赋和区位优势出发,选择有机农业作为乡村振兴和脱贫攻坚的主导产业,通过生态资产的资本化,为绿水青山生态价值转变为金山银山经济价值寻找到一条现实途径。同时,有机农业生产体系尊重自然、保护环境、可持续发展原则的实践,可以有效避免对金山银山经济效益的过度追求而破坏绿水青山生态环境的竭泽而渔短期行为和发展偏差,建立在有机农业产业基础上的车河有机社区倡导有机生活,坚持生态优先,促进生态与经济的可持续协调发展。

(二)党委政府主导,引领社区建设

坚持党对发展有机农业、推动脱贫致富的全面领导,科学规划,

顶层设计，指导并审核改革方案，出台支持有机农业发展的政策，创新"村社一体"产权制度和"三位一体"利益激励机制，统筹建设资金，完善基础设施。建设资金主要用于车河有机社区的道路整修、天然气管道及设施、环保设施、水源工程、文化医疗以及村民住房改造等项目建设。建立村企联合党总支，带领全体村民和企业员工发展有机农业、建设有机社区，实现乡村振兴。

（三）构建"三位一体"模式，激活农村沉睡资产

车河社区创建的"三位一体"新型利益共同体商业模式对生态产业战略具有放大作用及复制价值。国家投入基础和公共福利设施建设，农民投入土地和生态资源，工商企业投入资金，把农业种植和农家宾馆管理切分为管理和劳作两个环节，农户从中获得土地流转租金、种植（打工）工资和乡村旅游经营以及股份分红等四部分收入。

（四）通过人才聚集，提高扶贫效率

经过四年多的建设，中国农业大学教授工作站、假期大学生实习和脱贫攻坚专项硕士研究生入村进户以及参加车河国际有机农业论坛的专家、教授、有机农业实践者带来新的理念、技术和人才。党总支全面领导车河有机社区建设，初步形成了有机农业产业兴旺、新建社区生态宜居、"三位一体"乡风文明、多方协作治理有效、四种收入生活富裕的乡村振兴的良好局面和人才聚集地，如今有一些大城市的居民也来车河长期居住。

（五）农村农业优先发展，激发内生动力

"有机农业＋扶贫"模式给农业注入了生机。车河有机社区按照现代有机农业标准全面恢复农业生产，在车河村原来230亩单一种植的贫瘠土地上改造新造700亩高标准农田，建立起种植、养殖、加工、

质量追溯和市场营销的现代有机农业全产业链。"三位一体"协作机制给农村建设带来活力，如完善基础设施，建设污水处理和垃圾收集设施，保护生态环境。村社一体产权结构提高农民的组织化程度，合作社社员成为有组织、有纪律、有尊严的产业工人，有效激发了贫困地区的内生发展动力。

第三节　大生态推进大扶贫

——内蒙古自治区科左后旗生态扶贫模式

生态建设是经济社会全面发展过程中调结构、转方式、促发展的重要环节。特别是在生态环境脆弱地区，必须坚持生态治理与脱贫致富相统一，同步推进、同向发力。科左后旗始终坚持建设绿水青山、人与自然和谐发展的理念，以农牧民增收、经济社会全面可持续发展为目标，走生态建设利民、生态产业富民、生态政策惠民之路，形成了推动贫困地区扶贫开发与生态保护协调、脱贫致富与可持续发展互促、脱贫攻坚与生态文明建设双赢的良好局面，探索出了特色鲜明的大生态推进大扶贫的经济社会发展模式。科左后旗的做法和经验，具有很好的实践意义，可为更多生态环境脆弱、土地沙化严重地区开展扶贫工作提供参考和借鉴。

一、内蒙古自治区科左后旗基本情况

1. 自然状况

科左后旗位于内蒙古自治区通辽市东南部科尔沁沙地腹地。全域除东部西辽河冲积平原外，皆是以沙丘、沙地为主要特征的地形。境内沙化土地面积一度达到 1180 万亩，占全旗总面积的 68%，是全国沙化严重、生态环境脆弱的旗县之一。20 世纪 70 年代至 90 年代末，农牧业的迅速发展加剧了生态环境的恶化，全旗80%的沙地牧场沙化，生态体系失衡严重，致使生态环境恶化，农牧民生存发展空间遭到侵蚀、贫困程度加剧，制约经济社会发展的瓶颈作用日益凸显。近年来，加大了生态建设与保护力度，林草植被覆盖率大幅度提升，生态环境明显改善，生态系统进入良性发展阶段。

2. 社会状况

科左后旗土地总面积11570平方公里，辖19个苏木镇场，283个嘎查村（分场），858个自然村，总人口40.18万，有蒙古族、汉族、回族、满族、朝鲜族等19个民族，其中蒙古族人口占75.17%，是全区县域蒙古族人口居住最集中的地区之一，2011年被确定为国家扶贫开发重点旗、革命老区。"十二五"初期，全旗有贫困农牧民3万户8万人，占农村牧区人口的25%。实施精准扶贫以来，2017年底贫困农牧民减至4424户12433人，贫困人口占比4.15%。

二、大生态推进大扶贫模式的主要做法

科左后旗大生态推进大扶贫模式是由政府统筹规划、主导推动，社会资本和农牧民为受益主体的农村牧区扶贫模式。其目标是通过建设生态、改善生态，构建生态友好型社会，持续增强经济社会可持续发展内生动力，从根本上打破长期制约农牧民生存发展的瓶颈，从而通过构建生态大格局推进大扶贫，达成农村牧区脱贫致富奔小康。

（一）组织实施过程

1. 组织保障

科左后旗成立生态扶贫工作领导小组，旗政府主要领导为组长，分管领导为副组长，农牧、林业、水利、财政、发改、扶贫开发及苏

木镇（场）为成员单位，负责全旗生态扶贫工作。领导小组定期召开会议研究部署工作，出台相关实施文件。其中，旗政府办负责协调各成员单位，各行政主管部门负责制定具体实施方案和组织工程招投标、农牧民技术培训、工程监督、技术指导、检查验收以及扶贫成效评估，各苏木镇（场）负责辖区内项目的土地落实、群众引导动员、贫困户选定和帮扶措施制定。

2. 规划保障

科左后旗先后出台了《科左后旗林业生态红线划定工作方案》《科左后旗林业发展"十三五"规划》《科左后旗生态扶贫规划》《科左后旗林业产业发展规划》《科左后旗沙产业发展实施方案》，按照"生态建设产业化、产业发展生态化"的发展思路，坚持尊重自然、顺应自然、保护自然的发展理念，对全旗土地进行详细调查，立足自然条件细化功能分区。在明沙区实施封禁保护，结合飞播进行自然修复；在土地沙化地区立地较好的区域实施人工造林工程，对低植被地区实施封山育林工程，对沙化耕地实施退耕还林工程；在退化沙化草牧场设立封禁保护区，通过发放草原奖补资金，建设饲草料基地，推广家畜舍饲圈养；在立地条件较好、交通便利区域，结合当地资源培育林果、药材、旅游、种苗花卉等生态产业；在原始森林生态系统、草原生态系统、湿地生态系统集中区域实施生态多样性保护工程，设立自然保护区；绿化村屯、城镇、园区及道路，改善人居环境；在耕作区推广高效节水工程，提高水资源利用率。

3. 资金保障

科左后旗大生态建设资金以整合农牧、林业、水利、财政、发改、扶贫开发等部门项目资金为主，通过合理的利益分配机制，按照"谁投资、谁受益"原则，广泛吸引社会（企业）资金进行工程建设，同时引导农牧民自筹资金或利用土地流转入股等方式深度融入，分享收益。即生态工程项目通过招投标方式由中标公司承建，建设成果归土地经营者所有，农牧民通过提供土地、参与务工获得收益，形成了政府、社会资本、个人等多元化的投入格局。

4. 技术保障

强化技术培训，推动农牧民生产转型。定期组织开展"科普之春""科普大篷车""送科技下乡"等活动，针对农牧民生产转型所需的粮改饲技术、高效节水农业技术、舍饲养殖技术、果蔬栽培技术、抗旱造林技术、病虫害防治技术、合作社管理、服务业岗位技能等实用技术技能开展培训。全旗先后举办培训1000多场次，受益农牧民15万人次以上，组织农牧民观摩学习20次，参加学习农牧民达到4000人次，印发技术资料和项目说明书20万册。

5. 利益保障

按照"谁投资、谁受益"的原则保障社会投资主体（企业）利益，广泛吸引社会（企业）资金实施生态扶贫项目。一是通过招投标承担生态扶贫建设项目，吸收贫困农牧民参与生产建设各环节务工，主要是组织实施人工造林、封山育林、草原恢复、水利工程项目等。其中，林业扶贫项目实行3年验收管理，达到验收和扶贫成效评估标准，逐年按4：3：3比例兑付资金。二是通过流转土地从事果树栽植、植物药材种植、绿化树种苗木培育、花卉种植以及旅游服务业等生态扶贫项目，吸收贫困人口的政策帮扶资金和土地入股、参与务工。

通过获得草原奖补资金、退耕还林资金和公益林补助资金，让渡沙化土地经营权参与生态建设，保障生态建设项目区农牧民收益。各类补助资金由部门审核，苏木镇（场）落实到户。政府统一规划治理，通过植树造林、封山育林、种植多年生牧草、建设饲草料基地等恢复林草植被，农牧民获得生态扶贫项目建设的成果，成为林地、草场所有权人，增加资产性收益，并可通过发展林下经济实现持续增收。政府鼓励、引导农牧民利用生态奖补资金投入饲草料基地建设，通过进入养殖产业链获得收益。同时，积极为农牧民特别是贫困农牧民提供参与林地和草牧场建设的就业与务工机会，保障其获得稳定收入。

6. 成果保障

建立健全生态成果保护机制。建立森林、草原、河流、湿地、耕地等资源台账；健全资源监督机制，地方政府、部门、企事业单位、团体、利益关系人和农牧民广泛参与资源监督，确保有效监督资源破坏行为；落实环境保护公益诉讼制度，依法打击破坏草原、湿地、森林等资源的违法行为，切实保护生态建设成果；整合森林公安、草监所、公益林管护大队和生态防护员组织等力量形成管护网络，协助林权所有者开展管护工作。将符合聘用条件的贫困户纳入生态护林员队伍，对人员实行每年一聘，动态管理，由林业主管部门组织培训。各苏木镇（场）林业站对生态护林员进行日常管理考核和年度考核。

（二）具体做法

科左后旗实施大生态建设以来，坚持建设与保护并重、开发与利用并举，强化分类分区治理，完善保障机制，探索生态建设、保护、开发利用的新机制、新途径，实现生态改善与贫困农牧民增收融合并进。

1. 加强生态建设，夯实发展基础

一是人工造林。在立地条件较好的区域采用针阔结合、多树种结合的乡土树种混交林，使林木能近自然生长，达到森林生物群落的动态平衡；在半流动沙区采用近自然林模式，逐步恢复科尔沁疏林草原风光；在流动沙丘地段实施综合治沙造林，栽植杨树。在立地条件较差的区域，建设人工网格沙障，并在网格内栽植樟子松作为先锋树种进行固沙，辅以封育措施，逐步恢复林草植被再过渡形成稳定的生态群落。二是封山育林。改变片面要求行列式、整齐划一、单一树种的造林模式，根据植物垂直分布的特性，因地制宜采取多树种无规则近自然林造林模式。通过一系列营林建设使纯林转变为混交林、同龄林转变为异龄林，初步形成科尔沁沙地植被自然分布，乔灌、针阔相结合，接近自然的混合型、多层次和生物多样性的稳定生态群落，植被得到全面恢复。三是设立自然保护区。为了更好地保留地域特色生态系统，设立自然保护区，保护典型生态系统。通过自然保护区建设储备珍稀物种，拯救濒危生物物种的生存环境，建设保护研究典型生态系统的自然演进过程、各种生物的生态和生物学特性的重要基地，从而形成良好的人与自然和谐共生环境。四是禁牧舍饲。在加强棚舍、窖池等养殖基础设施建设，推广相关技术基础上，在破坏严重区域和重点生态建设区域实施全年禁牧、舍饲圈养。制定优惠政策、发放草原奖补资金，引导农牧民为牧而农、退牧还草、种草养畜，转变经营方式，调整种植结构。推进饲草料种储建设为草原承载力减压，使草原生态系统修复与黄牛产业发展兼顾并进、可持续发展。五是高效节水农业。通过现代高效农业示范区建设，整合项目推广高效节水农业，提高农作物产量。改变原有低效的大水漫灌方式，把喷灌、滴灌等和水肥结合起来，切实提升肥料的效力，节省水资源，延长灌溉周期，降低灌溉成本。

2. 注重开发利用，实现富民增收

一是发展经济林产业。鼓励农牧民依托退耕还林地块、采伐迹地及农牧户庭院，栽种大果榛子、锦绣海棠等本地适生果树品种，发展经济林产业，提升群众在生态建设中收益水平。引导农牧民从事林下种养业，特别是给予项目区贫困户政策帮扶资金及技术支持，按照"长短结合、以短养长"的原则，实现贫困户持续稳定增收。二是发展苗木花卉产业。通过林地流转、合作经营等方式，扶持引导贫困村、贫困户与龙头企业、专业合作社、家庭林场、家庭苗圃建立利益联结机制，带动贫困户发展林木种苗产业及种植玫瑰、萱草、七色草等花卉产业，吸纳贫困户劳动力就业，实现稳定增收脱贫。三是发展蒙药材中药材种植产业。利用当地土地、气候、水源、生态环境等适宜种植药材的有利条件，加大野生药材基地培育和推广力度。建设黄芪、板蓝根、山药、苦参等中草药材种植、采收基地和集散中心。通过封育补植，建设天然麻黄草采收基地，以"政府＋企业＋农户"、生态产业扶贫资金补贴、搭建技术指导平台、订单回收平台等方式，鼓励贫困户通过加入合作社、流转土地或务工收入方式参与药材种植。四是发展旅游产业。立足既有生态资源优势，加快景区生态开发建设，实施"全域旅游、四季旅游、旅游＋"发展战略，大力发展生态旅游产业。通过景观道路建设将乡村风情、草原风光、湿地公园、特色森林旅游景点、沙漠景区、科尔沁马文化、蒙古族文化元素贯穿融合，打造全域旅游目的地。深度开发旅游体验项目、特色旅游产品，打造特色鲜明的生态旅游品牌。在发展生态旅游产业过程中，精心设计贫困人口参与方式，创造贫困人口就业机会，如扶持农牧民发展家庭旅馆、特色蒙古族餐饮、民族手工业、生态旅游服务业等增加收入。

3. 绿化美化家园，打造宜居环境

科左后旗统一规划实施村屯绿化工程，将城镇所在村屯、重点道路沿线村屯、景区周边村屯的提档升级与脱贫攻坚、建设美丽乡村相结合，以村屯园林化、景观化为方向，以出门见绿、移步见景、小行见园为目标，建设宜居生态乡村，打造和谐幸福家园。重点村屯绿化合理搭配针阔、乔灌、花草。同时将全旗境内国省旗镇村五级道路列入绿化范围，各级道路实施分类治理。对好通高速、大广高速、国道304线、甘库公路、甘金南北线等主要公路实施宽幅绿化带工程，对村村通水泥路两侧多行绿化，对公路交叉点、高速与主要干道交叉点、重点公路沿线城镇村屯边界节点重点绿化，形成线点结合的"沿线景观化、村庄景点化"。

三、生态扶贫成效

1. 生态环境明显改善，贫困农牧民同步增收

一是土地沙化退化现象得到有效遏制，林草植被迅速恢复，生态环境明显改善，降低了旱涝风沙盐碱等自然灾害对农业的影响。目前全旗公益林面积188万亩，农牧民从中持续受益，年均获得公益林补贴资金2300万元，2014年以来累计达9200万元；在农田林网保护地区，农作物增产15%—30%，农牧民增产增收效益明显；综合治沙工程吸纳农牧民进入造林企业务工或直接参与苗木起运、树木栽植、抚育管理等工作，农牧民在生态建设中务工增收5136万元，其中贫困农牧民务工增收445万元。二是村屯环境差、绿化水平低或无绿化的局面彻底改变。重点交通沿线村屯主要道路两侧栽植了樟子松、云杉、金丝柳、金叶榆、紫叶李、五角枫、火炬等乔木绿树种，并栽植丁香、

水蜡、红瑞木等灌木景观绿化带，辅路边主要栽植樟子松、银中杨、梧桐等绿化树种。绿化水平较低的村屯，配合村村通水泥路，实施绿化工程，道路两侧进行多行绿化，主要栽植柳树和银中杨。并在较大空地实施近自然方式造林，加大绿化宽度，提升绿化档次，主要栽植樟子松、云杉、五角枫、紫穗槐等树种。围绕农村空地资源利用，因地制宜开展绿化美化建设，栽植松树、柏树、云杉、果树，种植萱草、牵牛花、串红等花草，实施广场硬化、民俗归集展示等，极大改善了人居环境，改变了村风村貌。

2. 生态保护有效加强，生态产业基础充分夯实

一是典型生态系统得到有效保护，为生态旅游产业奠定了良好的环境基础。初步建成了布局合理、类型齐全、功能完善的自然保护区网络。全旗 90% 以上的珍稀濒危野生动植物和典型的生态系统得到了有效保护。同时，生态旅游产业得到长足发展，大青沟原始森林、乌旦塔拉五角枫、阿古拉湿地等已成为优质的生态旅游资源。二是封禁区林草植被得到有效恢复，畜牧业实现绿色发展。通过实施明沙区和沙化草牧场封禁保护、重点区域全年禁牧、封沙育林，林草植被明显恢复。同时，大部分林地林间完成植被恢复，可提供牧草面积 120 万亩。例如，阿古拉镇白兴吐嘎查贫困户满都拉家中两口人，草牧场 260 亩，可获得草原奖补 2511.60 元，通过政策帮扶，出售天然牧草和利用草牧场养牛，实现收入 15600 元，年人均增收达 9056 元。"为牧而农，为养而种，草畜平衡"，为生态持续改善奠定良好基础。三是水资源利用率得到有效提高，增加了产业收益。在推广高效节水农业、盐碱地改良过程中，应用物联网水肥一体化管控、自动化精准给水施肥、生物预警绿色防控、生化方式改良盐碱地等先进技术和装备，可节水

60%、节肥 50%，肥料利用率达 90% 以上。实施农业高效节水工程 65 万亩，覆盖 16 个苏木镇（场）126 个项目区，其中贫困人口浅埋滴灌建设 11.7 万亩，预计每亩可增收 350 元，受益贫困户 5462 户。

3. 生态产业加速发展，绿色发展模式基本形成

（1）经济林产业推动产业经营方式转型

依托退耕还林地块、采伐迹地、农户庭院等，鼓励农牧民种植大果榛子、锦绣海棠等经济林。通过加大苗木选购、技术服务、产品销售等环节扶持力度，林果产业规模不断壮大。2014 年以来，全旗建成果树基地 3 万亩、五角枫木本油料基地 3 万亩、林板一体化基地 7 万亩、樟子松嫁接红松 0.5 万亩，受益农牧民达 1.2 万户，其中贫困农牧民 840 户。例如，2017 年，金宝屯镇嘎查庙嘎查投资 6.9 万元，帮扶贫困户 26 户在庭院内发展果树经济林，共栽植锦绣海棠苗木 4765 株，其中果树苗木以造代育 2825 株，果园栽植 1900 株。预计可使该村贫困人口年均增收 20 万元以上，参与贫困户可实现年人均增收 2958 元。

（2）种苗花卉产业拓宽生态扶贫途径

通过土地租用、流转等方式整合土地资源，采取提供苗木技术支持、帮扶贫困户按照相关技术规程进行栽植。开展樟子松、五角枫等乡土树种苗木培育，企业予以优先采购，减少调入苗木支出，既降低了成本，又使贫困农牧民获得了可观收益。通过招商引资，给予优惠政策扶持，发展旅游花卉产业。全旗已有近 40 家小企业进行链条式造林，带动贫困人口参与造林生产育苗环节实现增收。例如，努古斯台项目区年均投入 66.16 万元，帮扶贫困人口实施以造代育 413.5 亩，培育樟子松苗木 16.54 万株，苗木出圃后预计可实现年均收入 165.4 万元，年均效益 99.24 万元。

（3）药材种植优化种植业结构

针对沙坨地多、适合多种植物药材生长的实际，建设了50万亩种植采收基地和集散中心，其中包括10万亩中草药材基地、40万亩麻黄草培育采收基地，同辽宁天麒集团、北京华宏康药业等签订收购合同，保障了种植户销售渠道的畅通。例如，常胜镇种植黄芪、板蓝根、山药、苦参等中草药20538亩，其中贫困户180户种植1080亩，亩效益在1500元以上。巴彦毛都苏木成立专业合作社，通过"企业＋村委会＋农牧民＋贫困户"模式带动农牧户封育麻黄草，带动贫困户34户，预计务工收入加分红可使贫困户年人均增收1500元以上。

（4）生态旅游产业成为脱贫新引擎

科左后旗以大青沟自然保护区为龙头，进一步建设阿古拉生态旅游区、乌旦塔拉五角枫森林公园、草甘沙漠旅游区，成功举办了"一带一路敖包相会"主题活动，还有"骑手会""森林会""乌旦塔拉·国际枫叶节""双合尔·楚古兰""草甘沙漠文化旅游节"等大型节庆活动，进一步提升了科左后旗"旅游之乡"的知名度和美誉度。2017年，接待游客140万人次，实现旅游综合收入12亿元。贫困农牧民通过参与旅游项目进入产业链，或以土地和扶贫资金入股旅游产业，获得了可观的务工收益、经营收益或入股分红收益。例如，草甘沙漠旅游区为贫困户担保贷款，28户贫困户以贷款入股，每户获得帮扶贷款5万元，每年享受5000元以上分红。同时，安置周边嘎查贫困户在景区就近就业，年均安排贫困户1120人次，户均增收1.6万元。

4. 生态资源日益丰富，农牧民增收前景可观

森林资源逐年增加，生物多样性得到有效保护，生物总量明显增加，有效减缓了温室效应，聚集起大量的森林碳汇。截至2017年底，全旗有林地面积达到 340.3 万亩（其中贫困户有林地面积 27.18 万亩），活立木蓄积达到 470 万立方米。按 1 公顷森林每天吸收并储存 1000 公斤二氧化碳测算，可固定二氧化碳 22664 万公斤。和仟亿达碳汇交易公司签订了交易评估委托协议，将贫困户生态有形资产转化为经济收益，每年可为贫困户增收 489.24 万元。

通过实施沙地治理，农牧民和贫困人口的土地资源转化为生态资源资产，并持续释放生态红利，年均林地资产可增值 1.5 亿元以上，森林蓄积量逐年递增，木材产量提高带动了木材加工产业发展，每年创造产值达 4100 万元以上。随着 3 万亩果树经济林效益的显现，经济林产业创造产值可达 2000 万元以上。优质牧场通过发展绿色畜牧业持续转化为经济效益，产值可达 5.4 亿元以上。生态建设降低了风沙危害造成的经济损失，有效庇护了农田和草牧场，项目区内粮食单产增幅最高达 81%，牧草单产增幅最高达 50%，为当地经济社会发展和贫困人口脱贫致富奠定了良好基础。

四、生态扶贫经验

（一）坚持科学谋划

规划先行是生态建设和生态扶贫的前提。科左后旗因地制宜、按照"生态建设产业化、产业发展生态化"的发展思路，制定了一系列政策措施，绘就了新时期生态建设和生态扶贫的总体蓝图，初步建成了以村屯、城镇、园区绿化为点，通道绿化为线，综合治沙区、自然保护区、封禁保护区为面的建设保护新格局。

（二）坚持项目带动

科左后旗把生态项目建设作为最大的基础工程，重点实施了国家三北防护林、科尔沁沙地综合治理、通辽市城郊百万亩森林、重点区域绿化、东部百万亩现代农业示范区、金宝屯镇万亩榛子林基地建设等生态治理项目。通过实施生态项目拉动贫困农牧民就业，推动林木种苗生产、林产品运输加工等相关产业发展。

（三）坚持转型发展

生态资源的综合开发利用是生态扶贫的关键。科左后旗强化林业供给侧结构性改革，生态产业由重林产业向加快融合发展转型。在生产力布局上，向五大功能区建设及城乡一体化发展转变；在树种结构上，按照造林树种"乡土化、良种化、多元化"的要求，对树种结构进行了大幅调整，积极营造混交林、主推乡土树种造林；在发展方式上，充分依靠科技进步促进由数量扩张向提质增效转变。同时，不断调整优化生态产业结构，积极培育支撑力足、带动力强的优势产业，发展经济林果、苗木花卉、植物药材、饲草饲料、生态旅游等绿色产业，真正实现生态建设与农牧民利益有效对接。

（四）坚持机制创新

创新益贫机制，将生态惠民与精准扶贫结合，充分利用贫困地区生态资源优势，通过土地流转、入股分红、合作经营、劳动就业、自主创业等方式，建立利益联结机制，完善收益分配制度，增加资产收益，拓宽贫困人口增收渠道。积极引导农牧民利用森林资源发展林下种植、林下养殖、生态旅游等产业，提高经济收入。造林保活三年后，将林木移交给贫困农牧民管理，调动贫困农牧民参与林木管护的积极性。创新投入机制方面，积极争取各类资金向生态环境脆弱地区倾斜，加大生态建设资金转移支付力度。整合项目资金，用好财政补贴资金，撬动社会资金，探索林权抵押贷款等融资方式，引导各类资金注入生态建设。鼓励大户造林、企业造林、家庭造林、联营造林等非公有制林业快速发展，让资源变资产、农牧民变股东，激发全社会参与热情。在创新奖补机制方面，采取以工代赈等方式，组织贫困人口参与生态工程建设，提高贫困人口参与度。积极落实退耕还林、草原补奖等补贴政策，聘用贫困人口为护林员，鼓励和扶持贫困群众参与生态建设与管护，真正实现了贫困地区保护生态和经济利益双赢的发展目标。

五、推广价值

科左后旗大生态推进大扶贫模式是建设生态友好型社会、达成农村牧区脱贫致富的重要举措，也是构建祖国北疆生态安全屏障的成功经验。该模式以生态为基础，以效益为中心，以市场为导向，以改善群众生产生活条件为前提，寓生态建设于脱贫攻坚，实现脱贫攻坚推进生态建设、生态建设促进脱贫攻坚的良性循环，取得了显著的生态效益、经济效益和社会效益，在逆境中走出了一条生态富民强旗的绿色发展之路。该模式将生态环境显著改善、生态产业蓬勃发展和贫困群众脱贫致富有机融合，其做法和经验可供其他地区实施生态扶贫参考借鉴。

第四节　建立村级光伏电站，促进农村增收

——重庆市巫山县村级光伏扶贫案例

光伏扶贫能够有效地利用光热资源进行发电，增加贫困人口收入。由于光伏扶贫的种种优势，国务院扶贫办在 2015 年将其列为"十大扶贫工程"之一，支持建档立卡贫困村贫困户安装光伏发电系统，支持贫困地区通过光伏利用治理荒山荒坡、发展设施农业。光伏扶贫开辟了贫困人口稳定增收的新渠道，具有明显的产业带动作用，是探索资产性收益扶贫的新尝试，开发开放式扶贫的新模式。近几年，由于国家对光伏扶贫的大力支持，光伏扶贫在贫困地区推进很快，但也带来了一些不好解决的现实问题。总体来看，光伏扶贫在实施推进中启动资金筹集较难，光伏电站日常的管理专业技能要求较高，后期维护和运行的难度较大，有些地方的贫困户收益也比较难以保障。各地针对这些问题的解决进行了一些探索，重庆市巫山县利用村级光伏电站建设，形成了"集体光伏"的新模式，对于解决以上问题提供了一种思路。

一、重庆市巫山县村庄基本情况

重庆市巫山县龙山村，是西南地区典型的贫困村。全村面积 7.9 平方公里，平均海拔 650 米（最高海拔 1100 米，最低 400 米）。全村

有耕地 562 亩，退耕还林地 703.1 亩，林地 6659 亩，辖 5 个社，2014 年时，有 249 户 556 人，其中建档立卡 40 户 238 人。由于该村境内山高坡陡、土地贫瘠，交通、通信十分闭塞，是全县 120 个贫困村之一，贫困人口增收十分困难。但全县具有十分丰富的光照资源，低山区日照多年平均时间高达 1589 小时，中山区多年平均时间为 1568.7 小时，高山区多年平均时间为 1378 小时。地广人稀，房屋前后多为开阔地带，房顶多为水泥铺筑，且大多处于闲置状态。由于群众增收困难，又有得天独厚的光照资源以及农村家居的有利条件，该县开始探索光伏扶贫之路。

二、巫山县龙山村光伏扶贫的具体做法

龙山村所在的巫山县是国家级贫困县，县政府考虑到目前村级集体经济薄弱，少数贫困户因自身的劳动力缺乏、劳动技能弱以及病、灾等原因收入增加难度大。通过光伏扶贫电站的建设，增加村级集体经济收入，同时可对自身脱贫较为困难的深度贫困户给予资产经营性补助，拓宽其收入来源。

1. 资金来源：每个光伏电站财政全额投资 21.26 万元

《巫山县光伏扶贫项目实施方案》中对于光伏项目的资金来源有明确的分配，即：2015—2017 年，光伏发电装机总容量达到 6000kW（贫困村装机总容量达到 4020kW），项目总投资 5880 万元（市级资金 1300 万元，县级配套 1540 万元，农户自筹 1060 万元，社会资金 1980 万元），引导建卡贫困户脱贫致富，实现 6000 人脱贫。

考虑到贫困户的情况和电站实际建设需求，由市县两级财政统一出资。贫困村光伏电站建设由县财政整合相关涉农资金，全额投入，

采取"县建设、乡管理、收益归村集体"的模式。投入上由财政负责光伏电站主体和设备建设，县供电公司负责并网及电力线路投入，所投入资金均为无偿资金。

总体来看，每个光伏电站财政全额投资约 21.26 万元。具体来看，每个电站投入在设计上有 28 万元，其中包括设备采购、场地基础等内容，实际中标价格一般在 21 万—24 万元之间。以龙山村为例，其30kW 的村级光伏电站设计建设成本 25 万元，全部由市县两级财政出资。

2. 电站建设：统一招投标 30kW 村级光伏电站

电站修建是由县上面对全国统一招标采购，由中标企业统一组织实施。在土地选择上要求不占基本良田、不占宜林地，选用荒坡荒山。环境上要求向阳朝南、距变压器或 380 伏电网较近。村集体在电站的建设中负责土地的协调和施工环境保障，不负担土地平整费用和建设费用。

3. 后期管护：县政府统一管理

光伏电站的后期较为专业，巫山县专门出台了《巫山县光伏扶贫电站管护制度》，明确了日常管护的一般要求、运行与维护的具体规程，建立了日常的巡检制度。同时，对于县、村、电站建设企业三者在电站后期的管护进行了分工：村里负责电站的日常维护，主要是清扫、除草、查看设备是否运行等工作。一个电站的日常维护每月安排一人清扫两次，每周查看一次设备是否运行正常。年维护费用村内自行决定，但不超过 1500 元。在电站的日常维护这个环节上，安排懂一定用电知识的贫困户参与，不少村都是就近安排贫困户进行日常维护。故障排除和设备维护由县政府和中标企业承担。建立了统一的县内监控平台，县政府有关部门进行日常的平台管理和使用，由中标企业进行技术支持。县上的设备维护在 3 年内由企业负责，3 年后要 1 个专人管理，年维护费用大约投入金额在 5 万—10 万元，由县级财政支付。

4. 收益分配：出台收益管理办法，明确收益用于扶持贫困户

针对村级光伏电站的收益分配办法，巫山县出台了《村级光伏扶贫电站使用及资金收益管理办法（暂行）》（以下简称《办法》），总体上就电站的权属与管理、电站的收益核算办法、收益使用的原则、资金及账户管理、资金使用范围及程序、监督管理六个方面进行了规定。

第一，电站产权归村集体，贫困户按比例进行分红。《办法》明确规定，村级集中式光伏电站由政府投资建设，其产权归项目所在地村集体所有，经营权由项目村村委会负责经营，发电产生的收益为项目村集体所有。村级集中式光伏电站由当地乡（镇）政府负责监管，村委会负责日常管理，贫困村建档立卡贫困户按比例进行分红。

第二，明确了电站收益核算方法。电站营业收入由售电收入和国家电价补贴两部分组成。电站运营成本包括土地租用费用、运维管护费用、保险费用、财务费用、税费支出等。村级扶贫电站的收益分配办法是：电站营业收入总额扣减电站运营成本后，余额为各村级扶贫电站的收益。

第三，明确了电站收益确保贫困户直接收益的分配原则。《办法》明确了确保建档立卡贫困人口直接受益，其他村民间接受益的原则，即坚持脱贫发展原则，严格管理、以收定支、厉行节约，积极发展壮大村级集体经济，未分配收益用于推动贫困村产业经济的可持续发展。

第四，对于资金及账户的管理进行了明确的规定。尤其是对资金及账户的使用流程、使用方式予以明确。

第五，明确了贫困户分红不少于整体收益的 60%，并明确了"先批后支"的资金使用程序。确定了以下几种分红方式及比例：①股份分红。主要用于村内贫困户政策性分红。资金比例不得低于整体收益的 60%。贫困户退出后，三年内可参与分红；每年单户平均分红金额最高不得超过 1000 元；贫困户人均纯收入达到全县人均纯收入的 80% 或以上，不再参与分红。②公共服务。主要用于基础设施、文体、教育、医疗卫生等方面。资金比例不得高于整体收益的 15%。③临时救助。主要为因病、因灾、因学、因残等导致生活困难的农户及农村孤儿、五保户等特殊弱势群体，提供一定金额的临时救助资金，资金比例不得高于整体收益的 20%，贫困户退出结束后可适度调整分配比例。④电站管护。主要用于光伏电站保险费和维护费，不得超过收益的 5%。⑤村内结余资金用于本村集体经济发展。

第六，确定了行业监督和社会监督两种监督方式。重点明确了项目所在地乡镇政府要加强对村级集体光伏发电收益的日常管理和监督检查，坚持一年一内部审计；县财政、监察、审计部门依法对村级集体光伏发电收益资金管理使用情况进行检查监督和审计；资金使用单位积极主动做好配合工作，对提出的问题予以整改落实。

三、光伏扶贫的成效

1. 集体经济收入明显增加

光伏能够提供年均 3 万元左右的集体经济收入，对贫困地区的农村集体经济是一个强有力的补充。在产出上，按照巫山有效日照时间 1536 小时计算，可发电 46000 千瓦时。但因多方面因素，实际的日照时间只能达到 1200 小时左右，年发电为 36000 度。2016 年电网收购电价为 0.98 元 / 度，2017 年电网收购价为 0.85 元 / 度，可实现收入 30000—35000 元。扣除维护成本，村内实际增加收入可达到 28500—33500 元。以龙山村电站为例，该村电站于 2017 年 6 月 23 日并网发电，截至 2017 年 12 月底，该电站运行 157 天，发电 16700 度，发电收益为 16366 元。

2. 贫困人口受益面广

光伏电站能够覆盖比较广泛的贫困人口，直接提升其收入，尤其对于深度贫困户的增收具有较好的提升作用。龙山村光伏电站运行以来，发电收益 16366 元，按照其收益分配办法将收益的 60% 即 9819.6 元对 15 户深度贫困户进行了分红补助，户均增收 654.64 元，对深度贫困户的增收促进作用较大。此外，剩余的收益，对所有贫困户于春节前进行慰问，涉及全村 41 户贫困户，人均 100 元，覆盖的贫困人口范围较大。

3. 以公益岗位提高了内生发展能力

为了避免资产收益分红可能"养懒汉"的负面效应，龙山村围绕电站的维护设立了公益性岗位，由懂电学知识的贫困户担任。公益岗位的设立既能使贫困户获取一些劳动报酬，又使他们参加工作，增加了其内生发展能力，形成了劳动致富的良好氛围。

四、光伏扶贫的经验

1. 统筹扶贫资金，由财政出资，解决了光伏扶贫启动资金缺口大的问题

各类扶贫项目通常都面临启动资金缺口过大的问题，往往需要

较多前期投入，甚至一些投入需要贫困户自筹，导致项目推广难、覆盖面小。光伏扶贫在实施过程中探索了诸多模式，有分布式、集中式等等，但无论哪种模式，光伏扶贫的初始建设投入都较大。以户用光伏发电扶贫模式为例，每户的一次性投入在三万元左右，扣除各级财政的补贴，户均投入接近一万元，对于贫困户尤其是深度贫困户来说是不小的压力。巫山县在充分利用国家光伏发电补贴的基础上，通过统筹各类扶贫资金，做到基本不让贫困户自筹，解决了光伏扶贫长期以来面临的启动资金缺口较大的问题，对于光伏扶贫的实施是很大的促进。

2. 产权归属村集体，提升了资产收益扶贫模式的效率

明确规定电站建成后归属村集体，大幅度提升了资产收益扶贫模式的效率。目前国内一些资产收益的扶贫模式，往往是贫困户所掌握的资源、资产、资金（扶贫项目补助）折算成一定资金参与企业经营，名义上按资金比例获取分红，但实际上都是获取 8%—10% 左右的资金利息，并没有很好地分享企业收益，"折股量化"很容易变成"折现获息"。

巫山县明确规定电站产权归集体，避免资产收益变成按收益分利息的模式，基本能够保障电站的全部收益用于脱贫攻坚，大幅提升了资产扶贫收益的效率，非常值得其他资产收益扶贫模式借鉴。由于其在提升减贫效率方面的重要作用，重庆市在《关于"十三五"光伏扶贫计划编制的补充通知》中，将村级光伏扶贫电站的资金筹措明确为涉农整合资金、东西部协作帮扶资金、中央定点帮扶资金、社会捐赠资金。电站产权只归村集体，不以股权形式建设。

3. 县级政府统一招投标修建、统一进行后期维护，保障了减贫的可持续性

很多扶贫项目由于前期修建和后期维护的技术难度高，导致项目实施的质量不高，后期的持续性较差，往往在项目完成几年内就失去了减贫的效果，减贫的可持续性较差。光伏扶贫也存在此类问题。一方面，光伏扶贫的管理难度大。由于光伏扶贫项目小、分散广，施工企业多、资质参差不齐等特点，前期建设时期的管理难度较大。另一方面，后期运行维护难以保障。部分承接光伏扶贫项目的中小企业，由于自身实力和服务网络问题，使未来25年的运维和售后服务得不到保障。巫山县通过统一招标修建，解决了前期建设难度大的问题，尤其是可以管控资金投放、确定企业资质水平，极大地保障了工程的质量。此外，后期通过统一管理平台的建设，既解决了光伏设备运行管理过程中的专业问题，又能够统筹全县的电站发电情况，进行精准管理。从这两方面，保障了减贫的可持续性。

五、推广价值

重庆市巫山县利用村级光伏电站的建设，形成了"县建设、乡管理、收益归村集体"的光伏扶贫新模式。统筹扶贫资金，由财政出资解决了光伏扶贫启动资金缺口大的问题；产权归属村集体的模式提升了资产收益扶贫模式的效率；县级政府统一招投标修建、统一进行后期维护，保障了光伏减贫的可持续性。这一模式对于其他地区开展光伏扶贫提供了可以借鉴的经验。

第五节　发展循环经济，开拓扶贫新路径

——山东省泗水县生态扶贫案例

如何既按期实现脱贫的目标，又不污染环境，不破坏生态，不浪费资源，以实现绿色发展、永续发展，这是必须引起重视的重要问题。在脱贫攻坚中引入循环经济理念、模式和技术，在发展循环经济中不忘脱贫攻坚，逐步做到两者相互融合、促进，是同时实现生态保护和脱贫致富两个目标的有效途径。山东省泗水县积极推行循环经济与脱贫攻坚融为一体，进行系统思考、整体谋划、协同推动，做了一些有益的工作，取得了较好效果。

一、山东省泗水县露天废弃矿区导致的生态修复和农业发展问题

矿山资源的无序开采，导致生态环境破坏日益严重。随着国家政策的收紧，各地政府对全国范围中小型非法露天采选矿厂集中关停并予以拆除，有效地遏制了无序开采及生态破坏的局面。但由于多年的无序开采，矿区生态已被严重破坏，农民耕地、林地、山地无一幸免，诸多的废弃矿区少则数百亩，多则几千亩甚至上万亩。而随着企业关停后生态修复的主体消失，之前被破坏矿区一直未得到有效治理，废弃矿区的水土流失严重、生态环境恶化。泗水县圣水峪镇和全国其他

露天中小矿区的状况基本一样，2008年县政府集中将中小型非法采选企业关停后，废弃矿区生态持续恶化，水土流失严重，农民利益受损，各种问题凸显。泗水县政府曾对废弃矿区进行土地整理工作，但由于矿石盗采具有可观的经济效益，整理后的土地屡被盗采，废矿区土地整理工作难达预期目标。

为彻底解决废弃矿区生态环境问题、缓解耕地矛盾、保障农民生活安全、保持社会稳定、促进农业发展，泗水县积极探索在财政资金紧张情况下的废弃矿区土地复垦新出路。县政府突破传统观念，成立废弃矿区土地整理示范区，按照土地修复过程中废矿资源有效利用原则，引入社会资本实施品质化治理，最终形成了"政府规划、企业实施、群众监督"的全新废弃矿区综合治理新模式。

二、废弃矿区生态修复和农民脱贫致富的具体做法

（一）以循环经济带动区域生态修复和现代农业连片发展

废弃矿区的土地整理示范区由泗水惠丰农业开发工程有限公司负责实施。在项目启动之初确立"资源节约、环境保护"的生态系统重塑目标，秉承"绿水青山就是金山银山"科学发展理念，坚持高起点、高标准、高质量的"三高"治理标准，以期通过"土地复垦、固废利用、以工补农、生态农业"产业链，形成独具惠丰特色的循环经济创新模式，探索出适用于我国北方浅山丘陵半干旱地区及废弃露天矿区非财政投资下的高品质土地复垦、低效农田高效化改造的生态修复全新商业模式。

在土地复垦过程中将仍有价值的废矿资源综合利用，用资源综合利用所带来的经济效益补贴和支撑高成本的土地修复作业。另外，将

历史遗留的尾矿和废矿综合利用后从根源上解决了矿区环境污染问题。在对固废综合加工同时，惠丰公司对复垦土料进行充分筛选和级配，级配后的复垦土料可直接用于矿坑的填埋和土地的表层覆盖。加大对农业的投入，现已修复的1200余亩高效农田全部建设了节水灌溉设施，破解了原有山地难以灌溉提产、无法发展规模农业和高效农业基础难题；根据复垦土地土层厚、地块平、面积大，复垦土料品质稳定、透气性强、保墒性好以及无重金属和农药残留的优势，采用"以工补农"方式，全力发展高效农业和绿色农业。

打造生态系统离不开水系建设，惠丰修复模式没有延续单一的土地复垦，而是按照规划结合废矿矿区的地理条件，以打造完整生态系统为目标，宜水则水、宜田造田。打造的200亩湿地不仅保证了复垦土地的蓄水涵养以及灌溉问题，还发展了大闸蟹、中华鳖等养殖并形成了独具特色的山区湿地小气候，为候鸟以及周边野生动物提供了良好的生存环境，为地区的物种多样性奠定了生态基础。

（二）以点带面促进区域经济高质量绿色发展

为了打造泗水县生态农业产业基地及带动周边村民更快地走上致富之路，以儒家文化为主题，以目前所实施的圣水峪项目区为核心，自西向东打造贯穿尼山圣境、泗水县高铁站、万紫千红度假区及东风岭废矿区全长16公里的绿色生态经济带。重点打造以绿色农业、观光农业为主导产业、文化旅游和生态旅游为辅助产业的圣泗绿色经济带，带动近万名农民脱贫致富。通过对废弃矿区生态修复的市场化、规模化、产业化，实现自我"造血"、滚动发展、无须政府财政投资就可以实现可持续发展的新业态。

（三）以生态修复促进农民脱贫致富和农村和谐发展

对废弃矿区、浅山丘陵半干旱地区贫瘠农田的集中改造，实现项目区生态系统的完善修复。通过对项目区实施生态修复、土壤改善以及水系打造，使之形成山水林田湖科学配置，一二三产深度融合的综合体建设项目。对废弃矿区土地进行流转及大规模发展高效农业，使得更多的农民从单一落后的农业生产中解放出来，成为第二产业和第三产业的主力军，通过产业延伸实现农民脱贫致富。项目实施前，项目区农民以种植地瓜、花生为主，每户每年收入2000—3000元。目前项目区农民不仅享受土地流转带来的收益，还能在车间和修复后的生态园工作并接受技术培训，公司员工每年每户收入已突破40000元。在土地修复的同时带动周边百姓共同致富，与"还绿水青山、富一方百姓"的使命相吻合。

（四）土地流转，让利于民，调动农民参与生态修复和现代农业的积极性

项目启动之初，废弃矿区近3000亩土地已基本丧失了耕地功能，农民生活受到严重影响。惠丰农业公司将农民手中数千亩无法耕种的土地，按照800—1200元/亩的价格统一流转，远远高于国内其他农村地区，农民积极性空前高涨。同时，为了保证农民利益不受损，土地流转面积全部按照山地地形测量，较GPS测量的土地面积高出20%左右。

随着土地复垦项目的推进，复垦土地逐年增加。当首轮土地流转合同到期后，公司拟将复垦后的土地归还农民时，因公司流转费用远高于农民耕作收益，加上土地流转后农民可在公司就业等原因，农民接受复垦后的土地意愿不强。为了确保农民收益不受损失，加快农村

共同致富步伐，公司及时调整中长期战略，与农民续签了继续流转协议，实现了全部复垦土地的中长期流转，复垦后的土地由公司统一进行高效农业开发。

（五）政府支持，构建企业、村民的命运共同体

项目开展以来，地方党委和政府对惠丰公司给予了大力支持，包括政策支持、土地规划、土地流转等，为项目顺利实施提供了坚实基础。项目实施过程中，企业协助政府实施乡村振兴战略，有规划有目标有步骤。村集体、村民与企业形成良性的互动合作关系。村集体为企业服务，可使集体获得可观的收入。村民土地集中流转，变农民为产业工人或合作伙伴。在工作的同时，企业对员工进行生产管理技能培训，让农民真正有钱赚、会赚钱，实现稳定长期的远超耕作农田的收入，实现产业扶贫。企业向贫困村民开通绿色录用通道，优先录用贫困农民，实施精准扶贫，最终使企业、村民成为命运共同体，带领村民共同致富。

（六）引入多重监督机制，强化群众监督作用

惠丰公司农村生态修复新模式采用"政府规划、企业实施、群众监督"的方式实施，将政府、企业、村民紧密联合起来，政府规划具有一定的前瞻性，使得生态修复规划更具有社会效益和生态效益。企业实施政府制定的规划设计，需要严格遵循规划标准，其利润点在于通过科技创新，努力提升资源利用率和产品附加值，再通过强化科学管理降低生产成本，保障项目顺利实施。企业在实施过程中创新能力不断得以锤炼，企业竞争实力逐步得以提升。群众对项目进行监督，可随时对项目修复进程质量提出建议，项目区生态治理及土地复垦、生态农业的实施质量得到有效保障，杜绝名不副实的土地修复项目，

现该项目已形成政府支持、企业主动、群众满意的良好局面。

三、惠丰模式的主要工作实效

（一）促进了特色农业产业的发展，形成产业兴农的优势

泗水惠丰农业开发工程有限公司按照产业兴农的发展理念，邀请专家对复垦后的土地进行各项性能检测及作物适宜性比对，最终确定以鲜食葡萄为主要作物，地瓜、蔬菜、樱桃等果蔬作为辅助作物，发展特色农业产业。在鼎力发展绿色农业的同时，通过申请有机食品认证、生态原产地标志认证等工作，着力提升农产品品牌价值。自项目启动至今，已修复废弃矿区土地1200余亩，种植葡萄700余亩，地瓜、蔬菜、樱桃等果蔬400余亩，累计支付农民土地流转金和本地农民工资6000多万元。2018年，惠丰农业收获葡萄30万公斤、地瓜10万公斤、蔬菜1万公斤、其他果品1万公斤、大闸蟹1万公斤、淡水鱼10万公斤，获得经济收入1000万元左右。现公司已成为带动周边村民科学种植示范引领基地，产业兴农优势得以凸显。

（二）创造了就业机会，促进农村的和谐发展

在扶贫成效方面，固废综合利用产业吸纳村民员工200余人；生态农业园作为扶贫基地，重点吸纳周边无法在工业产业上班的贫困家庭、失地农民、老弱村民等近50人，利用其务农优势实现精准扶贫。通过项目实施，加快了农民返乡就业的进程，明显缓解了项目区周边农村空心化、老龄化的现象。同时，随着返乡就业人员的增加，有效解决了周边农村留守妇女儿童引发的社会问题，对促进农村和谐发展起到积极作用。

（三）促进节能降耗，优化生态环境

惠丰农业公司先后投入 1.2 亿元用于土地复垦及固废资源综合利用技术的研发和应用，成功研发了"矿山固废湿式精细分级综合利用"新工艺。该工艺实现了原有尾矿、废矿同步消纳，资源综合利用率由 5% 提升到了 90% 以上，在国内率先实现了无尾化生产，彻底消除了尾矿扬尘污染隐患。同时由于采用了全新工艺技术，废矿能耗较传统工艺降低 40%，水耗降低 30%，修复土地成本降低 50%，土壤结构和复垦品质获得极大提升。公司拥有专利 13 项，所研发的"矿山固废湿式精细分级综合利用"工艺通过了国家级科技成果评价，该成果在建筑和农田复垦领域成功应用，改善了生态环境，取得了良好的社会效益，项目技术总体达到国内领先水平。

四、推广价值

泗水县大力发展循环经济，实现花岗岩废石废渣综合利用，最终打造高效生态农业，被国家发改委认定为"环境保护和资源节约 2017 年中央财政预算内投资项目"。这一模式得到了各界的认可和肯定，得到许多媒体的宣传报道，已经迈出对外复制第一步。惠丰农业生态修复新模式不仅适用于国内露天矿山废弃矿区的生态修复及土地复垦，同时还适用于我国北方地区大多数浅山丘陵半干旱地区的低效农田提升改造。既实现了生态修复，又实现了高效农田改造，为当地百姓创造经济效益的同时，助力政府实现乡村振兴和精准产业扶贫。

第六章

中国生态扶贫的展望

2020 年后，现行标准下农村贫困人口全部脱贫，贫困县全部摘帽，解决区域性整体贫困。但随着建档立卡贫困户的脱贫，生态扶贫的政策对象面临重新确定的问题；2020 年后贫困人口和地区进一步向西部环境脆弱区聚集，生态扶贫压力仍然较大；主体功能区政策对于贫困地区发展的限制将长期存在，生态功能区、生态脆弱区的生态保护与扶贫和发展之间的矛盾会逐渐突出；生态发展和扶贫对中央财政压力持续增加；此外，一些长期以来未能解决的难点问题仍将存在。

第一节　中国生态扶贫发展方向

一、我国生态扶贫政策面临诸多挑战

具体来看，我国生态扶贫政策面临着哪些问题和挑战，将朝什么方向发展呢？以下是基于客观实际和发展趋势作出的预测性分析和研判。

（一）生态扶贫的政策对象需要重新确定

现有生态扶贫政策的框架是建立在精准扶贫的基础上，其对象主要是建档立卡贫困户，例如公益性岗位、易地扶贫搬迁、资产收益制度等等，都是直接面对建档立卡贫困户的。而随着贫困县、贫困村和建档立卡贫困户脱贫摘帽，现有政策如何延续就会成为问题。特别是针对建档立卡贫困户而设立的生态公益岗位的延续，会面临制度困难。因此，需要重新界定生态扶贫的重点区域和扶贫对象。

（二）生态扶贫压力依然很大

生态扶贫最大的现实就是贫困人口（或低收入人口）仍然存在，且总量不小，在地域上呈现向西部地区聚集的趋势。这给生态扶贫带来两方面的压力：第一，贫困人口总量带来的脱贫扶贫压力。按照北京师范大学李实教授课题组预测，以 1.5 倍贫困线度量，2020 年以后贫困发生率约为 6.2%，相对贫困人口约为 6000 万。到 2025 年，贫困发生率下降到 2.6%，贫困人口规模在 2500 万以下，总量仍然不小。这些贫困人口在新的贫困标准中仍然面临较大的脱贫压力。第二，西部地区生态扶贫面临的开发与保护的矛盾带来的扶贫压力。2020 年以后，贫困群体将在未来一段时间内呈现持续性向西部地区聚集的趋势。总体来看，我国西部地区从生态资源的角度可以分为两类：一类是以西北地区和青藏高原为代表的生态环境脆弱区域，包括西南部分严重石漠化地区。这类地区生态环境脆弱、农牧业发展限制因素多，保护任务重、生态扶贫手段少。另一类是以西南大部为代表的生态环境较好、生态资源富集地区，目前探索出一些较好的生态扶贫手段，但贫困人口数量大，扶贫任务重，也有一定的环保压力。这是 2020 年后生态扶贫面临的基本现实。

（三）生态保护与扶贫和发展之间的矛盾愈加突出

随着生态文明建设，生态功能区、生态脆弱区的生态保护与扶贫和发展之间的矛盾会愈加突出，比如生态功能区、生态保护区和生态脆弱区的产业发展与生态保护之间的矛盾会逐步显现。一些贫困地区在实施生态保护取得初步成效以后，试图通过开发旅游等方式促进经济发展并提高扶贫的效果，但是与生态功能区和保护区的管理产生矛盾。

我国 832 个贫困县中，有 546 个县处在《全国主体功能区规划》划定的限制开发区和禁止开发区，占全部贫困县的 65.63%，覆盖贫困人口 63.99%。2020 年后，在贫困群体进一步向西部地区聚集的前提下，将有绝大多数现在的贫困县处于这两类地区。限制开发区和禁止开发区有特殊的区域政策，除了可以获得用于公共服务和生态环境补偿的转移支付之外，其他大多数政策对贫困地区的发展均有一定的限制。例如：限制开发区的产业政策限定在特色产业，限制不符合主体功能定位的产业扩张；其投资政策主要是支持公共服务设施建设和生态环境保护；其土地政策主要是实行严格的土地用途管制，严禁水面、湿地、林地、生态用地改变用途；其人口政策主要是降低人口密度，鼓励生态型移民。禁止开发区的区域发展政策更为严格。在这种较为严格的规制下，这些政策对于贫困地区的发展特别是产业发展，是很大的限制。因此，在主体功能区政策框架下选择发展定位和发展方向，是 2020 年后西部贫困地区发展的重要依据。

（四）生态发展和扶贫对中央财政压力持续增加

近几年，国家对于生态发展和脱贫攻坚两方面的重视程度越来越高，在这两方面的投入也逐年加大，中央财政环境保护支出占中央财政收入的比重从 2010 年的 0.16% 上升至 2016 年的 0.41%，年均增长幅度约 47.3%；扶贫专项资金占中央财政收入的比重从 2010 年的 0.52% 上升至 2016 年的 0.91%，年均增长幅度约为 20.4%。同一个时间区间，国家财政收入的增长速度从 21.3% 下降至 4.5%。这两方面对于国家财政已经形成了较大压力。

目前，精准脱贫攻坚和污染防治已经成为三大攻坚战中的两个攻坚战，国家对相关领域的财政投入还将加大。但从总体趋势来看，考虑到全国和中央财政收入增速放缓的情况，2020 年后，生态发展和扶贫两项工作对中央财政的压力将持续增加。因此，基于我国财政状况现实，建立一套针对生态扶贫的可持续的财政投入和金融支持的政策框架，就成为 2020 年后生态扶贫战略的重要内容。

（五）生态扶贫的对象和范围进一步扩大

随着我国对生态文明建设的日益重视，尤其是明确提出建立以国家公园为主体的自然保护地体系，在整合我国现有保护地的同时，也进一步加大保护面积，解决保护碎片化、多头管理等问题。以大熊猫国家公园为例，其将四川、陕西、甘肃三省的野生大熊猫种群高密度分布区、大熊猫主要栖息地、大熊猫局域种群遗传交流廊道合计 80 多个保护地有机整合，划入国家公园，总面积达 27134 平方公里，将有 20 多万人口被划入到国家公园内。建立国家公园使得生物多样性保护面积进一步扩大，使得之前很多不在保护区的地区纳入到保护范围内。在此过程中，对地方社会经济发展贡献很大的自然资源利用必然大大减少。这一方面限制了地方经济发展，地方财政将进一步减少；另一方面，社区的就业机会将大大减少，社区赖以生存的采集、采石、放牧、挖矿等活动将受到严格限制。此外，保护范围的进一步扩大必然导致野生动物进一步增多，而目前生物多样性保护对社区影响最大的就是野生动物致害，大部分社区家庭林地或耕地等农林业生产都会遭受野生动物侵害，而这部分的补偿几乎没有。而未来这方面的损失数量和范围将会进一步扩大，严重影响国家公园周边社区的农林业生产，导致大量土地撂荒，农林地使用效率大大下降。因此，未来野生动物肇事补偿政策、保护地内社区可持续发展政策都将成为生态扶贫政策面临的重大挑战。

（六）部分技术问题亟待解决

生态资源开发与保护的矛盾长期存在。通过这几年的探索，形成了一些生态资源开发与保护并重的脱贫手段，比如生态产业、生态补偿、易地搬迁、资产收益等几类模式，已经取得比较好的扶贫效果。但有几个突出难点目前来看在短时间内还难以解决，需要未来生态扶贫政策加以重视：

第一，生态扶贫各类模式的益贫性比较低。总体来看，这些模式的问题在于益贫性还比较低，生态资源开发还没有真正惠及贫困人口，或者说贫困人口并未能从生态资源开发的过程中获得明显高于其他群体的收益，在扶贫意义上生态资源开发的盈亏平衡点还未找到。可以预见 2020 年后，随着工商业资本更加迅猛地进入到农村地区、进入到欠发达地区，这种矛盾会更加凸显。

第二，在生态产业发展中所产生的一些问题也会逐渐显现出来。比如一些地方在种植生态农产品过程中超采地下水，一些生态农副产品的市场波动等，易地搬迁以后出现了产业发展不足和就业不足问题也会逐渐显现，一些经营不好的乡村旅游产业出现萎缩。这些问题是生态产业发展中长期未能解决的问题，需要 2020 年后生态扶贫政策探索解决。

第三，尽管国家财政在生态补偿中发挥了重要作用，但是基于市场机制而形成的生态补偿仍然很难推动。比如流域补偿仍然面临许多困难，碳汇林的种植与农民的日常生活存在一些冲突等。

第四，生态资产价格对贫困地区仍然不利。比如退耕还林的补贴标准提高，但是对于农民的收入贡献仍然有限；一些地方的土地、山林或山坡被流转，但是往往是基于粮食种植的收益计算其流转费用（价格）。每年 15 元的集体生态公益林的补助，仍然不足以弥补当地农民的机会成本。

二、生态扶贫的战略定位、总体原则、总体思路与时序目标

（一）战略定位：从国家战略层面推动"生态扶贫工程"

未来生态扶贫战略应当作为国家战略提上议事日程，可以作为"生态扶贫工程"从国家层面具体推展实施。

第一，生态扶贫是一项重要而长期的任务和目标，有必要上升至国家战略。如何严格按照党中央决策部署，把生态文明建设融入贫困地区经济、政治、文化、社会建设各方面和全过程，明确贫困地区生态发展的总基调，切实把生态发展融入新阶段的扶贫工作、项目、资金投入和每一个帮扶措施和扶贫产业发展培育中，将是未来扶贫工作的重点和难点，需要从国家层面推动。

第二，生态扶贫需要从国家战略层面建立一系列制度，需要协调各个部门及与其他国家战略之间的关系。生态扶贫是一项综合工程，在具体实施过程中涉及农村、农业工作的各个方面，需要多部门配合，尤其是需要财政、金融、发展和改革、环保、农业等部门配合、协调解决一些重大问题。例如2020年后西部欠发达地区的定位问题、主体功能区项目审批和产业调整问题、贫困地区财政金融支持问题等等。这些重大问题又涉及另外一些国家战略的微调，例如欠发达地区发展定位和西部大开发战略之间的关系、处于限制和禁止开发区的困难县项目审批产业发展调整与主体功能区战略之间的关系。因此，需要从国家层面推动，以协调生态扶贫工程与其他国家战略之间的关系。

（二）总体原则：区域瞄准，兼顾保护与开发

总体原则：区域瞄准，兼顾保护与开发。2020年后的生态扶贫政策，以精准扶贫以来的脱贫攻坚实践和2020年以后贫困发生规律为出发点，确定中西部欠发达地区的功能定位，进而确定以区域瞄准为基础的长期发展规划，并以此为基础进行对应的制度安排。

第一，开发与保护并重、分区域实施，宜开发则开发、宜保护则保护，突破"开发与保护"的两难境地。对于开发难度大、益贫效率低、环境压力大的地区，特别是深度贫困地区，以环境保护为主，重

点实施生态补偿和生态扶贫搬迁工程；对于生态资源富集、环境压力较小的地区，以生态资源开发为主，可以通过生态产业、公益性岗位等手段进行生态扶贫。

第二，以"三个面向"为原则，分类实施生态扶贫战略：面向深度贫困地区，面向生态脆弱地区，面向生态资源富集地区。不同区域的战略重点各有侧重，深度贫困地区以保障民生、继续努力夯实脱贫基础为主；生态脆弱地区以移民搬迁、生态改善、公益性岗位为主；生态资源富集地区以生态资源开发为主。

（三）总体思路

以习近平新时代中国特色社会主义思想为指导，在把握人民日益增长的美好生活需要和不平衡不充分的发展之间的矛盾的基础上，以生态扶贫为总基调，加大在贫困地区的生态保护投入，促进生态脆弱地区和重要生态功能区发展，实现贫困地区经济、社会、环境生态协调发展。

不断完善生态扶贫的财政金融支持体系，通过国家转移支付、金融市场支持、社会资本引入等手段，更好地发挥财政政策撬动全社会资金向贫困地区倾斜的作用，形成有一定活力的财政金融环境。发展生态扶贫产业，改善贫困地区的投资条件，在贫困地区广泛形成具有地方特色、大幅提升贫困人口收入的生态产业。加强生态资产建设，提高生态资产的扶贫效果，建立贫困地区长效的生态资产收益机制。通过生态产业、生态资产收益，使得贫困地区人民生活更为宽裕，形成一定规模中等收入群体，逐渐促进贫困地区城乡区域发展差距和居民生活水平差距缩小。提高贫困地区的公共服务水平，改善贫困地区的生态环境，生态环境根本好转，美丽中国目标基本实现。挖掘传统文化、倡导生态文化，彻底改变贫困地区精神面貌，形成具有一定竞争力的特色文化。

（四）时序发展

总体来看，未来生态扶贫可分为三个阶段（至 2035 年，以乡村振兴第二个阶段完成为时间节点）：2020 年至 2025 年，完成生态扶贫的体制机制建设，完成生态扶贫搬迁；2025 年至 2030 年，生态资源开发形成规模，形成具有核心竞争力的现代化生态产业；2030 年至 2035年，生态产业基本实现现代化，欠发达地区农民就业质量大幅提升，相对贫困问题也得到一定缓解。具体来看：

2020 年至 2025 年，基本完成生态扶贫体制机制建设，生态扶贫理念深入人心。中西部欠发达地区的功能定位重新明确，禁止开发区、重要生态功能区的生态扶贫搬迁全部完成。生态资源资产收益制度基本完备。第一，围绕 2020 年后我国贫困发展状况，在充分发挥我国政治制度优势、扶贫历史经验的基础上，基本建成以生态扶贫为主导的扶贫体制机制，生态补偿制度运转有效，生态 GDP 核算、生态扶贫考核体制机制基本健全，环境保护切实得到落实。在此基础上，开始考虑解决相对贫困、城乡统筹扶贫等问题。第二，广泛宣传、引导生态扶贫，使得生态扶贫理念深入人心。生态扶贫目前虽然各地探索很多，但各地对生态发展、生态资源挖掘、生态产业发展等问题的认识还有提高、深入的空间。要通过宣传、引导，使得生态扶贫的理念深入人心。第三，明确欠发达地区的功能定位。主体功能区中禁止开发区、限制开发区以及重点生态保护区域等不适宜、不能发展产业的区域生态扶贫搬迁全部完成。目前有必要综合考虑、研究该类地区的长期发展问题，可以沿用"十三五"易地扶贫搬迁政策，将居住在此类地区中的贫困人口全部搬迁，并且争取用5年时间，实现此类地区的易地搬迁的全部完成。第四，形成运转有效、收益高、覆盖广、益贫性强的生态资产收益制度，充分挖掘贫困地区的生态资源。

2025年至2030年，形成具有核心竞争力的现代生态产业，城乡基础设施、公共服务基本实现均等化，城乡收入差距大幅缩小、共享发展基本实现。第一，通过10年探索，力争使欠发达地区形成具有竞争力的现代生态产业，特别是围绕资源禀赋、产业升级、消费升级，实现欠发达地区生态产业的弯道超车，在具有资源禀赋的地区，形成具有行业龙头地位的生态产业，大幅提升欠发达地区在生态产业链的位置，充分挖掘其生态禀赋的资产价值。第二，欠发达地区城乡基础设施、公共服务基本实现均等化。2020年后，仍然需要对欠发达地区的基础设施进行大幅投入，并且加大对公共服务的投资力度，力争通过10年建设，基本实现城乡基础设施、公共服务均等化。第三，城乡收入差距大幅缩小，共享发展基本实现。2020年后生态扶贫，通过产业发展、财政制度、税收制度改革，提升共享发展水平。此外，2020年后扶贫战略的核心仍然在于提升低收入人口的收入。通过生态产业发展是一方面，另一方面，通过解决就业、完善最低工资制度等手段，推动城乡收入差距大幅缩小。

2030年至2035年，乡村振兴第二个目标基本实现，相对贫困问题也得到缓解。欠发达地区人力资本水平不断得到提升，治理水平和治理技术不断完善提高，收入大幅增长，传统文化、地方文化得到充分发扬，这也就同乡村振兴战略第二个目标基本实现吻合了。相对贫困进一步缓解，共同富裕迈出坚实步伐。

三、未来生态扶贫的区域定位

从现状来看，贫困地区是与生态脆弱地区、与主体功能区格局下的限制和禁止开发区域、与少数民族地区、与资源富集地区、与边境地区以及与革命老区形成高度重合。2020年后，在低收入人口和欠发达地区向西部地区聚集的情况下，欠发达地区与生态脆弱地区、与主题功能区中限制和禁止开发区域将更加重合。这些地区的人口多寡、贫困程度、自然资源、生态状况、发展前景、战略地位等方面截然不同，有必要立足扶贫、面向未来，对于不同地区的发展战略进行重新定位。

基于此，对于欠发达地区发展定位，结合《全国主体功能区规划》和《全国生态功能区规划》可以按以下不同功能进行定位：第一，生态脆弱地区。主要是面临较大生态、环境风险的地区，区域范围上主要包括主体功能区中禁止开发区的全部、限制开发区中生态功能区的大部分贫困地区、贫困人口。这类地区的发展以减少人对生态的扰动为主，策略上以整体性的生态扶贫搬迁为主。第二，农产品提供地区。区域范围主要是生态环境较好、资源富集地区，以及为城市提供服务的地区，主要是《全国主体功能区规划》限制开发区中农产品主产区以及《全国生态功能区规划》中农产品提供地区。政策方向主要是，在尽可能减少对环境扰动的基础上，利用生态资源，以生态资源开发、现代农业为主，并承接部分生态扶贫搬迁。第三，边境地区。区域范围主要是靠近边境的贫困地区，以服务于国家领土安全、恢复和保护生态为主，策略上以生态补偿、公益性岗位为主。第四，目前的深度贫困地区。区域上以目前三区三州为主，策略上以基础设施改善、公共服务均等化为重点，综合开展生态扶贫工程。第五，其他欠发达地区。区域上是除以上区域之外的欠发达地区，策略上以生态资源开发为主，实施综合性生态扶贫战略。具体来看，可以按照以下思路分类实施：

表6-1　不同地区生态扶贫策略

分区	区域范围	政策方向	功能定位	生态扶贫策略
生态脆弱地区	位于以下两类地区的欠发达区域：1.《全国主体功能区规划》中的禁止开发区全部、限制开发区中生态功能区部分；2.《全国生态功能区规划》中的生态调节功能地区	减少人对生态的扰动	环境保护、生态功能	整体性生态扶贫搬迁
农产品提供地区	1.《全国主体功能区规划》限制开发区中农产品主产区	在尽可能减少对环境扰动的基础上，利用生态资源	粮食安全、重要农产品提供功能	生态资源开发、现代农业
农产品提供地区	2.《全国生态功能区规划》中产品提供地区	在尽可能减少对环境扰动的基础上，利用生态资源	粮食安全、重要农产品提供功能	生态资源开发；承接部分生态扶贫搬迁
边境地区	靠近边境线的贫困地区	服务于国家领土安全、恢复和保护生态为主	国土安全、对外交流	恢复生态、环境保护，以生态补偿、公益性岗位为主
目前的深度贫困地区	三区三州	以基础设施改善、公共服务均等化为重点	持续扶贫	综合性生态扶贫工程
其他欠发达地区	除以上地区之外的其他地区	生态资源开发	持续扶贫	生态资源开发为主，实施综合性生态扶贫战略

第一，生态脆弱地区，整体实施生态扶贫搬迁。2020年后，在综合考虑国家财力、国土安全等问题的前提下，此类地区主要以生态扶贫搬迁为手段，实现整体搬迁，给这些区域的生态保护、生态恢复、生态调节功能发挥留足空间。生态脆弱地区应最大程度减少人类活动对生态环境的扰动。此外，这些地区长期以来是扶贫开发的难点地区，存在比较强烈的"保护与开发的矛盾"，且难以解决。这些地区应尽快实现生态扶贫搬迁，并考虑可以实施较大范围的整体搬迁，搬迁后以生态保护为主。

第二，农产品提供地区，以现代农业为主，在最小环境扰动原则下开发生态资源。此类地区涉及我国粮食安全，是重要农产品的提供区，主要以生态保护、现代农业为主施行生态扶贫政策。也可以在环境最小扰动原则下开发生态资源，既注重生态保护，也开展一定程度的生态资源的开发。此外，此类地区中一些生态较好、靠近城镇的地区可以承担生态移民搬迁安置功能。

总体来看，此类地区，重点围绕特色生态产业，借助产业升级、消费升级，以打造现代农业为核心任务，全面提升农林牧副渔等产品提供能力。围绕旅游扶贫、农家乐、观光农业、庭院经济，打造田园综合体，发展生态扶贫产业。在挖掘民族文化的基础上，打造休闲、旅游、现代农业综合体。此外，还要继续实施各类生态补偿，草原保护奖补政策、退耕还林和公益林补助等项目都要综合发挥扶贫作用。实施生态公益岗的扶贫战略，将生态公益岗向贫困户倾斜，使贫困户在环境保护中优先受益。

第三，目前的深度贫困地区，重点改善基础设施和公共服务。主要是三区三州地区，2020年后生态扶贫的重点方向仍然要放在基础设施改善、公共服务均等化上。重点通过文化扶贫、教育扶贫等手段，提升人力资本。挖掘具有民族特色、区域特色的地方文化，以此为基础，以旅游扶贫、特色农业、观光农业、光伏扶贫等手段，尽快提升贫困人口收入，促进地方充分发展，缩小与其他地区的差距。

第四，边境地区，以生态建设、生态补偿、公益性岗位作为扶贫支撑点，服务国家安全战略需求。边境地区有国土安全的战略需要，在生态扶贫战略中可以把环境保护、生态发展作为核心战略，加大对此类地区的生态建设、生态补偿、公益性岗位的支持力度，将以工代赈、生态补偿、公益性岗位作为此类地区长效脱贫机制的重要支撑。此外，在一些具有区位优势的边境地区，可以考虑打造一些开放门户，发展边境服务业、旅游业等第三产业。

第五，其他欠发达地区，以生态资源开发为主，实施综合性生态扶贫战略。这些欠发达地区没有以上几类地区的生态问题和国土安全问题，可以总体实施综合性的生态扶贫战略，重点突出生态资源的开发，通过生态产业、资产收益、生态补偿等方式实施全方位扶贫。

第二节　中国生态扶贫的战略重点及对策

一、中国生态扶贫的战略重点

（一）搭建一套整体性的政策架构

生态扶贫作为一项国家战略和综合性工程，必须搭建一套整体性的政策架构。要完成这一工作，至少要从以下几个方面入手：

第一，要给予生态扶贫明确的战略定位。至少是国家推动的生态扶贫工程，以此为基础在国家层面推动形成《生态扶贫十年规划》。第二，对于贫困地区特别是西部贫困地区的发展定位予以明确，尤其要理顺贫困地区发展和主体功能区规划二者之间的关系，有必要从制度上重新明确，建立面向重点生态功能地区和生态脆弱地区的瞄准机制。第三，建立一套综合性的生态扶贫保障机制，包括财政金融支持机制、生态扶贫的考核评价机制、生态扶贫的益贫瞄准机制、生态扶贫的产业引导机制、生态扶贫的社会动员机制，推动完善生态资产核算，建立生态产品的市场机制。第四，建立较为系统的监督考核机制，设计科学合理的生态扶贫考核指标体系，整合生态 GDP 考核和生态扶贫考核，综合评价贫困地区发展实绩。第五，不断探索、完善生态扶贫的模式。从环境保护、生态补偿、生态资源开发、易地搬迁、生态产业等生态扶贫模式入手，不断提升生态扶贫的效果。

（二）建立面向重点生态功能地区和生态脆弱地区的瞄准机制

重点生态功能区、生态脆弱地区以及生态保护区应成为生态扶贫的主要目标区域，而这些区域的相对贫困人口成为生态扶贫的主要目标人群。生态扶贫的主要目标，是配合国家生态文明建设战略和主体功能区划的实施，协调主体功能区和生态脆弱地区的生态保护和发展。由于主体功能区和生态保护区以生态环境保护为第一要务，因而其产业发展会受到诸多限制，特别是出现在负面清单上的产业将被严格禁止在生态脆弱地区和主体功能区发展。这对上述地区产生了两种影响：首先，上述地区的经济发展可能会与其他地区产生差距；其次，上述地区的产业选择必须遵循生态发展的模式。

（三）建立以财政机制为主体的生态扶贫保障机制

未来生态扶贫的总体压力较大，对财政支持的要求较高，也需要进一步瞄准贫困人口和贫困地区，因此需要建立比较有效的财政支持机制和益贫瞄准机制，以最大程度提升生态扶贫的效果。此外，还需要通过一定的手段动员人力、物力、财力继续向贫困地区倾斜，因此，也要建立一定的产业引导机制和社会动员机制。

1. 建立财政支持机制，确保财政支持幅度有序上升

生态扶贫的财政支持机制重点是建立长效的财政投入机制。逐年加大对贫困地区生态扶贫的支持，持续逐年加大对生态保护、生态补偿、生态移民搬迁、生态产业等方面的投入，并建立增长机制。第一，在投入的内容上，可以逐步实现从生态保护、生态补偿、生态产业等方面向公益性岗位、以工代赈等方面增加，通过公益性岗位等家门口就业的方式，不断增强贫困人口的内生动力。第二，投入的方向上，可以从特惠到普惠，先重点面向深度贫困地区，支持深度贫困地区生态扶贫，逐渐向所有欠发达地区全面推开。第三，在保障机制上，可以规章、条例等形式保证财政支持生态扶贫的比例和增长速度。第四，在监督机制上，加强对生态扶贫政策实施与预算执行的跟踪、监测和考核，建立生态扶贫财政治理体系。

2. 建立中央、省级财政转移支付的倾贫瞄准机制，提升转移支付资金的扶贫效率

针对贫困县的转移支付很多，财政制度上也倡导各类涉农资金整合，但此类资金在使用过程中很难计量有多少用于贫困人口的脱贫攻坚。我们认为，2020年后生态扶贫的政策体系中应当包含一套中央、省级财政转移支付的倾贫瞄准机制：第一，建立一个恰当的财政资金的倾贫瞄准机制，对于财政资金用于扶贫领域的比例、审计的方式、社会监督的方式进行明确，确保中央有关生态发展、脱贫攻坚的转移支付资金切实用于生态扶贫领域。第二，对于深度贫困地区，可以提升一些"戴帽"资金投放的比例，有关转移支付通过建立专户专账的形式进行管理。

3. 建立生态产业规划和引导机制，促进生态产业向贫困地区转移

已经有贫困地区利用产业升级、技术进步实现了产业发展的弯道超车。最典型的例子是贵州省的大数据产业。目前，苹果、阿里巴巴、华为、腾讯等顶尖的企业大数据中心都设立在贵州，带动了当地一系列的高新技术产业发展。这也充分证明了以往贫困地区在产业发展中的一些明显劣势在互联网时代不再是劣势，甚至成了优势。西部不仅可以承接一些东部淘汰的产业，也完全可以引领产业升级的潮流。

基于此，我们认为：第一，国家层面可以尽快探索生态产业的规划、引导机制，把一些能够在西部地区开办的高新技术产业有步骤地通过产业规划、政策引导、财税补贴等方式向西部地区转移。第二，在西部地区建立若干互联网、通信、生物医药制造的示范中心，通过示范带动推动西部欠发达地区产业升级。第三，对西部欠发达地区产业"去污减排节能"工程给予专项财政补贴，减少欠发达地区生态产业发展的企业成本，提升生态生产效益。

4. 健全生态金融保障机制

通过金融手段引导市场配置，加强金融政策与产业政策的协调配合，创新银行生态金融产品和服务，加大对生态产业、节能环保等领域的贷款支持力度；允许银行发行生态债券，为生态贷款提供较长期限、较低成本的资金来源；完善生态信贷指导目录，制定商业银行的信贷环境风险评级标准，对于欠发达地区的信贷提供税费优惠及政策支持；鼓励商业银行和国家开发银行建立专门的生态金融事业部，引导资源流向贫困地区，为发展生态产业扶贫提供资金保障。

5. 建立社会动员机制，形成生态扶贫社会风尚

生态扶贫形成了一种理念，但还没有形成社会风尚。有必要建立广泛的社会动员机制，将生态扶贫融入欠发达地区发展的方方面面。有以下考虑：第一，推动相关理论研究，深入研究扶贫开发和生态保护的相互关系，为生态扶贫的进一步实践提供理论基础。第二，动员全社会参与生态扶贫工程。继续发挥社会主义制度的优越性，动员全社会参加生态扶贫工程，最大程度汇集方方面面力量支持欠发达地区发展。第三，推动社会组织参与生态扶贫，特别是那些具有生态保护、生态教育和生态产品开发职责和能力的社会组织、社会企业参与到上述地区的保护与发展中来，形成一些具有中国特色的保护与发展的模

式。第四，动员贫困人口参与。让贫困人口从生态扶贫的被动接受者成为生态扶贫的主动实施者，通过参与环境保护、生态治理、生态扶贫工程获取经济报酬，并且实现能力增长，逐步达到可持续脱贫。第五，引导贫困地区形成绿色生产、生活方式。第六，探索生态众筹，建立生态扶贫基金池，促进多主体参与贫困地区的生态增长与生态扶贫。

6. 推动完善生态资产核算，建立生态产品的市场机制

生态资产核算是生态扶贫政策市场化机制的基础，也是资产收益、生态资源开发等扶贫模式的基础，在实践中还是空白。因此，亟须完善生态资产核算，推动现有的以提高生态资产收益为主要形式的生态扶贫机制的发展。

此外，还需要加快推动生态扶贫的市场机制。如流域补偿、碳汇市场等市场机制仍然是生态扶贫中的短板，发挥作用有限。需要完善市场机制，使生态产品的生产者和消费者形成市场上的交换关系，更好地实现生态产品的价值。

（四）建立以生态扶贫指标体系为核心的考核机制

总体来看，未来生态扶贫战略需要建立以生态扶贫指标体系为核心的考核机制，充分发挥考核的"指挥棒"作用，同时，就考核的方式与机制进行一定的改革。第一，探索建立生态扶贫考核评价指标体系。第二，整合生态 GDP 考核和生态扶贫考核综合评价贫困地区发展实绩。目前，国家统计局已经发布了"中国生态发展指数"，用以评价各省生态发展情况，部分省份已经把生态 GDP 考核纳入到日常考核之中。例如，2017 年江苏省发布了《江苏省生态文明建设目标评价考核实施办法》，并发布了细化的《江苏省生态发展指标体系》和《江苏省生态文明建设考核目标体系》。考虑到 2020 年后欠发达地区发展的实际，有必要整合生态 GDP 考核和生态扶贫考核，通过综合考核的形式评价欠发达地区的发展实绩。

考核的方式和结果运用方面，总体上可以沿用目前贫困县考核的方式。可以考虑从以下几个方面进行改进：第一，简化考核层级，由省以下各级政府组织、扶贫部门牵头统一进行。第二，减少交叉和重叠考核，每个工作年度进行一次考核，减少考核次数，且相关的行业部门不再就生态 GDP 和生态扶贫进行考核。第三，放大考核的参与范围，基层政府、贫困人口也以一定形式参与考核，形成一定形式的下级考核上级。

二、中国生态扶贫的对策

（一）在生态文明思想引领生态发展中推进生态扶贫深入发展

习近平总书记在党的十九大报告中指出，要加快生态文明体制改革，建设美丽中国，并明确了推进生态发展、着力解决突出环境问题、加大生态系统保护力度、改革生态环境监管体制四项目标任务。贫困地区把脱贫攻坚和生态文明建设有机结合，就是要践行新发展理念，尊重生态规律，下决心促进经济转型升级。首先，坚持节约利用资源，实现永续发展。其次，切实保护珍惜环境，提高脱贫质量和人民群众的生活质量。最后，创新生态扶贫的体制机制，完善生态补偿的制度保障。

（二）按照供给侧结构性改革要求大力发展生态扶贫产业

中国特色社会主义进入了新时代，我国社会主要矛盾已经转化为人民日益增长的美好生活需要和不平衡不充分的发展之间的矛盾，我们既要创造更多的物质财富和精神财富以满足人民日益增长的美好生活需要，也要提供更多优质生态产品以满足人民日益增长的优美生态环境需要。习近平总书记指出，要结合推进供给侧结构性改革，加快推动生态、循环、低碳发展，形成节约资源、保护环境的生产生活方式。贫困地区的生态文明建设与供给侧结构性改革有着密切关系。要坚持以生态发展为核心，以打造现代产业新体系为目标，大力发展生态扶贫产业。在传统产业改造提升上大力推进产业生态化，加快产业转型升级。在发展生态扶贫产业上深入开展"互联网＋"等行动，加快新旧发展动能接续转换。在战略性新兴产业培育上大力推进生态经济化，充分发挥山好水好空气好的优势，把生态环保与经济、文化旅游开发结合起来，积极推进"农村＋旅游""农业＋电商"发展模式，大力发展生态经济。在项目布局上，严守生态、耕地保护、城市开发边界三条红线，实施空间、总量、项目三位一体的准入制度。在项目把关上，从源头控制污染物排放和资源消耗。

（三）在生态发展中积极推动形成生态扶贫生产和生活方式

习近平总书记指出，推动形成生态发展方式和生活方式，是发展观的一场深刻革命，并就推动生态发展方式和生活方式提出了六项重点任务：加快转变经济发展方式，加大环境污染综合治理，加快推进生态保护修复，全面促进资源节约集约利用，倡导推广生态消费，完善生态文明制度体系。生态文明建设既是人类实践活动的指向，也是人类实践活动的结果。人的全面发展是生态文明建设的终极目标。只有在人的全面发展中，社会才能构建起与生态文明相适应的价值观、生活方式和消费方式，最终实现生态文明。在贫困地区，尤其要在脱贫攻坚进程中大力培育具有新时代特点的生态文化和生态道德软实力，推动生态文化理念内化于心、外化于行。通过打造蕴含不同生态文化主题创意的生态文化产品和产业品牌，纳入公序良俗、乡规民约，不断增强全民生态文化意识和文化自信。通过广泛开展新时代生态文化宣传教育，把生态文明理念、生态扶贫理念纳入国民教育和干部培训体系。积极推进农村生活方式生态化，让绿色生活方式成为农村居民的习惯。通过完善公众参与、监督等制度，充分发挥各类社会、民间组织和志愿者作用，深入开展创建生态学校、生态社区等行动，形成生态扶贫、生态发展、崇尚生态文明的乡村社会新风。

（四）不断探索、完善各类生态扶贫模式

1. 实施欠发达地区生态扶贫搬迁工程

目前我国易地扶贫搬迁取得了良好的效果。按照"十三五"易地扶贫搬迁规划，能使近1000万贫困人口脱贫，彻底解决一方水土养活不了一方人的问题。2020年后，欠发达地区仍然面临"保护与开发"的矛盾，除此之外，还面临扶贫效率提升的问题。因此，我们认为有必要继续沿用"十三五"时期的思路，立足保护生态，兼顾扶贫效率提升，实施大规模的生态扶贫搬迁。总体考虑如下：

第一，在地域上，迁出地以禁止开发区为主，兼顾部分限制开发区，迁入地以县城周边为主，方便群众通过就业实现可持续脱贫。第二，实施方式上，以整村搬迁为主，尤其是在禁止开发区原则上实施整村搬迁，最大程度减少人对环境的干扰。限制开发区可以参考群众意愿，不愿意搬迁的群众通过生态补偿、公益性岗位实现脱贫。第三，补贴方式上，低收入户由中央财政、地方财政进行补贴，其他农户视情况由地方政府进行差异化补贴。第四，资金来源仍可参照"十三五"

时期，由中央预算内投资、地方政府债务资金、专项建设基金、长期贷款组成。

2. 提升生态补偿标准和益贫精准程度，针对贫困人口探索新的生态补偿计算方式

生态补偿是未来生态扶贫的重要手段之一。土地是欠发达地区人口最重要的生产资料，特别是退耕之后，扶贫渠道自然受到限制，耕地的退出必然使贫困人口付出很多机会成本。目前虽然已经建立了比较科学的生态补偿制度，但生态扶贫战略中，涉及耕地的退耕还林还草等生态补偿制度有必要进行改善，总体上大幅提升涉及退耕的生态补偿。现在也已经有部分省份就此先行先试。比如山西省2017年出台规定：对58个贫困县实施的退耕还林，山西省在国家补助基础上每亩增加800元，对退耕农户每亩增加300元；对其他非贫困县实施的退耕还林，在国家补助基础上每亩增加500元，对退耕农户每亩增加300元。

具体考虑如下：第一，提升欠发达地区的生态补偿标准，探索新的生态补偿计算方式，涉及退耕的生态补偿，重点考虑丧失耕地导致的机会成本，兼顾劳动成本等。我们认为至少要超过当地土地流转的平均价格。第二，森林、湿地、草原、水源地等生态补偿，重点提升相应的公益岗位建设，可将生态补偿逐步转变为公益性岗位，以低收入人口为公益性岗位的主要聘用对象，并且逐步实现公益性岗位的科学化管理，通过科学化管理和日常业务工作的开展，不断提升低收入人口的内生发展能力。

从更长远的角度来看，还需要尽快完成完善生态资产的核算。对农民所有的土地、山林和荒地的生态价值要加以核算，并以此为基础建立中国特色的生态补偿机制。国家可以延续生态公益林的模式，通过购买生态服务，使重点生态功能区和生态脆弱地区的农民受益；也可以通过购买生态资产的方式，将生态脆弱地区、重点生态功能区和生态保护区内农民集体所有的自然资源，转为国家所有，这一方面有利于国家采取保护行动，同时让自然资源的所有者增加收益。

3. 完善资产收益模式，确保低收入人口分享资产收益的红利

目前针对资产收益制度已经开展了广泛的探索，但由于没有较为完善的生态资产定价体系，生态资产的收益还未充分凸显。实践中，生态资源资本化和资产化的过程在技术上是通过"折股量化"的形式来解决的，贫困地区和贫困人口通过生态资源的股份来分享各类收益。但在实践中，"量化入股"的形式有异化的趋势，部分生态资源实现"量化"后，名义上是入股，实际上是"放贷"，只能享受到微薄的"利息"或者"股息"，而这部分甚至低于国家在相关优惠政策上的转移支付。国家对于某些产业的支持和帮扶，并未全部惠及贫困人口，而是被相关企业截留了一部分。在这个意义上，部分产业的益贫性是比较低的，生态资源的收益也是比较低的。因此，2020年后生态扶贫政策需要重点探索资产收益模式，确保贫困人口分享资产收益的红利。具体考虑如下：

第一，完善生态资源的定价体制。目前资产收益模式运作的核心起点在于贫困地区和贫困人口拥有的生态资源如何定价，只有明确了定价机制，才能确保贫困人口不吃亏。因此，重点在于尽早探索生态资源的定价机制。第二，完善生态资源的交易机制。争取通过3—5年的探索，尽快尝试建立全国统一的生态资产交易平台，建立生态资产的抵押、质押等金融制度，充分放大生态资产的收益。第三，探索一

些新型的产权所有机制和持续运营机制。可以考虑由困难村集体全额拥有产权，先期出资由地方政府负担，交由企业进行市场化运作，再确定相应的分红比例。具体可以参考重庆的集体光伏扶贫模式，重庆全市已经推开光伏电站的村集体拥有全部产权、县级政府统一管理、中标企业统一运营的新型资产收益模式。

4. 开发生态资源，探索多样的生态产业

生态扶贫产业的实践较多，可以肯定的是2020年后，生态扶贫产业仍然是扶贫工作的重点，也是难点。产业扶贫长久以来没有解决的问题仍然需要在2020年之后去解决。总体来看，有以下几个方向：第一，资源禀赋、本土特色仍然是生态扶贫产业选择的重点方向之一。第二，科技进步、产业升级、消费升级是欠发达地区实现弯道超车、跨越式发展的根本。第三，国家在生态产业发展方面仍然需要有相关政策，投入大量的资金、人力。

产业发展仍然会是2020年后扶贫中最困难的一个环节。首先，要大力开展以种植养殖业为主的生态特色产业，并且加大对其各类补贴。其次，继续完善休闲农业、旅游扶贫、电商扶贫、生态农业等生态扶贫模式。再次，不断推动产业融合和产业链延伸。基于农业现代化，融合工业、旅游、创意、地产、会展、博览、文化、商贸、娱乐等相关产业与支持产业，延展产业链，形成地域经济综合体，通过区域发展带动贫困人口增收。最后，围绕国家公园探索特色小镇、庭院经济、农家乐、生态科技产业的生态扶贫路径。

后 记
POSTSCRIPT

　　生态扶贫是实现贫困地区精准扶贫与生态保护双重目标的现实需求，是破解"生态型贫困"难题的科学制度安排。党的十八大以来，以精准扶贫、精准脱贫作为基本方略，各地积极探索生态扶贫的有效途径，通过实施重大生态工程建设、加大生态补偿力度、大力发展生态产业、创新生态扶贫方式等，推动贫困地区扶贫开发与生态保护相协调、脱贫致富与可持续发展相促进，使贫困人口从生态保护与修复中得到了更多实惠，实现了脱贫攻坚与生态文明建设"双赢"。系统地凝练中国生态扶贫的相关理论，总结分析生态扶贫的创新模式和机制，客观分析生态扶贫的现状问题和困难，发现生态扶贫工作的实践规律，能够为构建和形成中国生态扶贫理论体系提供重要参考，为国家制定和优化生态扶贫政策提供依据，并为生态扶贫的具体实践提供科学指导。为此，北京师范大学中国扶贫研究院组织团队对生态扶贫的理论创新与实践探索进行了深入总结，编写了本书。

　　本书的编写工作由北京师范大学中国扶贫研究院院长张琦教授主持。各章节的责任人分别为：第一章（张琦、万君、冯丹萌）；第二章（雷明、冯丹萌）；第三章（冯丹萌、刘欣）；第四章第一节（张涛），第二、三、四节（冯丹萌）；第五章第一节（侯军岐、靳雅楠），第二、三节（李世珂），第四节（万君）；第六章（张琦、万君）。各章节初稿完成后，孔梅博士对体例内容等进行了初步修订，张琦教授最终定稿。

全国扶贫宣传教育中心提供了生态扶贫案例的相关素材，并承担了部分案例调研的组织协调和资料收集等工作，为本书的编写提供了大力支持。借本书出版之机，向全国扶贫宣传教育中心及相关工作人员致以衷心感谢！

编著者

2020 年 9 月 18 日